上海社会科学院应用经济研究所
40周年所庆学术专著文集

发展转型中的
上海国际航运中心建设
理论探索与实践

郁鸿胜 等 / 编著

上海社会科学院出版社
SHANGHAI ACADEMY OF SOCIAL SCIENCES PRESS

编委会

主　　编：孙福庆
执行主编：李　伟
副 主 编：李　湛
编　　委：（按姓氏拼音排序）

　　曹祎遐　曹永琴　陈则明　樊福卓　顾书桂
　　胡映洁　蒋莉莉　蒋媛媛　靖学青　李小年
　　梁朝辉　刘　亮　刘　平　陆军荣　施　楠
　　司马志　孙　洁　孙　林　万　勇　王慧敏
　　王如忠　王晓娟　谢露露　徐炳胜　徐丽梅
　　徐林卉　徐　赟　杨咸月　于秋阳　郁鸿胜
　　张剑波　张　岩　张　彦　郑世卿

总　序

40年前,随着中国改革开放的春风,上海社会科学院应用经济研究所(原部门经济研究所)在上海市委、市政府的关怀和支持下宣告成立,并确定了主要研究国民经济各部门的新情况、新问题,探索国民经济各部门(领域)的各种经济关系及经济活动规律的研究方向和目标。

40年来,应用经济研究所作为上海"现实经济问题"领域研究的重要机构,与国家和上海的改革开放一同前进,不断发展成长,参与了上海经济发展战略、产业发展规划方面几乎所有重大问题的研究和讨论,获得了一系列包括国家级奖项、上海市哲学社会科学奖在内的重要研究成果,产生了邹依仁、徐之河、谢自奋、厉无畏、陈敏之、王文彬、徐日清、姚锡棠、杨建文等一大批在国内外有重要影响力的专家学者。应用经济研究所在前进的每一个脚步上都留下了绚丽的闪光点,至今已成为上海有相当实力、有重要影响的应用经济方面的研究机构。

2018年是应用经济研究所建所40周年。一方面为了对上海改革发展开放创新实践进行系统梳理,对上海进行过和正在进行中的改革发展开放创新进行理论探讨和总结,以期摸索出一套"上海模式";另一方面也是为了对应用经济研究所成立40年来围绕上海重大问题形成的重要研究成果进行总结,我们所组织全所专家学者编著了这套"上海改革开放与创新发展理论与实践丛书"。

丛书共分12个主题,涉及上海全球城市建设、国际金融中心建设、国际航运中心建设、国际贸易中心建设、上海科创中心建设、上海产业发展战略、国家区域发展战略下的上海发展转型、上海开放策略、上海经济管理体系创新、上海特大型城市建设和城市治理、文化创意产业发展、大都市旅游发展等上海重要产业发展的相关内容。

丛书具有以下两个方面的显著特征：

一是紧紧围绕上海改革开放的具体实践，梳理出上海改革开放过程中的脉络和内在逻辑，并将上海的实践上升到理论的层面。丛书紧紧围绕"国家战略、上海实践、理论探索、国内外比较、展望未来"的主题开展研究，因此，既有理论的探索，也有实践的梳理，较好地将理论与实践进行了结合。

二是每一个主题研究都是团队研究的成果和集体智慧的结晶。丛书围绕各个主题组成研究团队，由在该领域具有较强影响力的研究骨干负责，并组织在该领域拥有一定研究基础的精干力量开展具体问题的研究，从而保证了研究成果专业性和理论性的有效结合，为丛书的质量提供了必要的保障。

40年来，我们有幸在前辈艰难创业打下的基础上开展工作，现在我们又处在一个新的改革开放的大好时期，前辈们的成绩是我们的新起点。我们要勇于传承前辈们深入探索、甘于奉献的精神和严格、认真、踏实的科研作风，在习近平新时代中国特色社会主义思想的指导下，不断开拓创新，为上海乃至全国经济社会发展作出更多的贡献，写出更精彩的篇章。

孙福庆

前　言

上海国际航运中心建设是上海发展战略中的重要组成部分，至《关于推进上海加快发展现代服务业和先进制造业建设国际金融中心和国际航运中心的意见》发布，进一步上升为国家战略。近年来，上海国际航运中心稳步发展，凭借资源优势、配套优化和服务升级，在国际航运市场的地位显著提升。

到2020年，上海将基本建成国际经济、金融、贸易、航运中心和社会主义现代化国际大都市，建成航运资源集聚、航运服务功能健全、航运市场环境优良、现代物流服务高效，具有全球航运资源配置能力的国际航运中心，基本形成以上海为中心、以江浙为两翼、以长江流域为腹地的国际航运枢纽港。

上海国际航运中心建设在发展转型中不断探索，同时也面对新形势、新问题和新挑战。作为"一带一路"和长江经济带的重要交汇点，拥有世界第一大集装箱吞吐港和中国第一个自由贸易试验区，上海国际航运中心建设必将为推动中国和全球的航运事业发展注入新的活力。

本书从上海国际航运中心建设的宏观背景出发，结合国际先进发展经验，对发展转型中的上海国际航运中心建设历程进行了分析。结合上海实践，提出航运中心要构建分工合理的港口物流体系、优化整合的集疏运体系和现代国际航运服务业体系，进行理论探索，在区域合作、重点领域等方面进行经验总结，最后提出推进上海国际航运中心建设的对策与建议，希望能够为上海国际航运中心未来发展和其他地区航运事业建设提供可借鉴的经验。

目 录

前　言 ··· 1

国家战略篇

第一章　我国海洋与航运发展战略概况 ······························ 3
 第一节　我国海洋经济发展战略历程 ································ 3
 第二节　我国沿海地区海洋发展战略与定位 ·························· 8
 第三节　上海国际航运中心建设相关战略研究 ······················ 15
 第四节　发展转型中上海国际航运中心战略定位 ···················· 18

国际经验篇

第二章　世界海洋经济与著名国际航运中心发展研究 ················ 25
 第一节　世界海洋经济发展战略比较 ······························ 25
 第二节　世界著名国际航运中心发展模式 ·························· 31
 第三节　世界著名国际航运中心经验借鉴 ·························· 36

上海实践篇

第三章　上海国际航运中心发展回顾 ······························ 43
 第一节　上海国际航运中心建设的基本态势 ························ 43

第二节　上海国际航运中心建设存在的主要问题 …………… 46
第三节　上海国际航运中心发展目标 ………………………… 49

第四章　上海国际航运中心港口物流体系建设 ………………… 56
第一节　上海国际航运中心港口物流体系建设基本思路 …… 56
第二节　上海国际航运中心主要港口物流体系建设规划 …… 60
第三节　上海国际航运中心物流网络体系构建 ……………… 66
第四节　上海国际航运中心区内物流体系建设 ……………… 71
第五节　上海国际航运中心的物流体系发展建议 …………… 79

第五章　上海国际航运中心集疏运体系建设 …………………… 81
第一节　上海国际航运中心集疏运体系发展现状 …………… 81
第二节　上海国际航运中心集疏运体系建设基本思路 ……… 86
第三节　上海国际航运中心集疏运体系建设主要任务 ……… 91
第四节　上海国际航运中心集疏运体系发展建议 …………… 93

第六章　上海国际航运中心服务业体系建设 …………………… 96
第一节　上海国际航运中心服务业体系发展现状 …………… 96
第二节　上海国际航运中心服务业体系建设基本思路 ……… 100
第三节　上海国际航运中心服务业体系发展建议 …………… 107

理论探索篇

第七章　上海国际航运中心发展中的理论探索与实践 ………… 117
第一节　舟山与上海国际航运中心联动发展实践 …………… 117
第二节　杭州湾北岸与上海国际航运中心联动发展实践 …… 130
第三节　南通滨海园区与上海国际航运中心联动发展实践 … 146
第四节　上海国际航运中心邮轮经济发展探索与实践 ……… 161

第五节　上海国际航运中心制度建设探索与实践 …………… 177

未来展望篇

第八章　推进上海国际航运中心建设对策与建议 …………… 197
　　第一节　以港区合作推进航运中心建设的对策建议 ………… 197
　　第二节　以扩大开放深化航运中心建设的对策建议 ………… 200
　　第三节　以城市协调发展促进航运中心建设的对策建议 …… 204
　　第四节　以优化环境助力航运中心建设的对策建议 ………… 208

参考文献 ……………………………………………………………… 215
后记 …………………………………………………………………… 217

国家战略篇

第一章　我国海洋与航运发展战略概况

第一节　我国海洋经济发展战略历程

我国高度重视海洋经济发展,相继批复了《全国海洋经济发展规划纲要》《国家海洋事业发展规划纲要》《全国海洋功能区划》等,并将海洋经济纳入《国民经济和社会发展第十三个五年规划纲要》中,继而发布《全国海洋经济发展"十三五"规划》,海洋经济在国家层面得到了高度重视。

一、全国海洋经济发展规划纲要

《全国海洋经济发展规划纲要》是我国制定的第一个指导全国海洋经济发展的宏伟蓝图和纲领性文件,明确提出了中国海洋经济发展的指导原则与发展目标、主要海洋产业发展方向及布局、发展各具特色的海洋经济区域、加强海洋资源与环境保护以及需采取的措施等。在此基础上,我国正在编制《全国海洋经济发展规划(2016—2020年)》。

《全国海洋经济发展规划纲要》于2003年正式发布,规划期为2001年至2010年。涉及区域为中国内水、领海、毗连区、专属经济区、大陆架及中国管辖其他海域,包括中国在国际海底区域矿区。在海洋经济区域的布局上,分为海岸带及邻近海域、海岛及邻近海域、大陆架和专属经济区及国际海底区。

《纲要》提出了我国海洋经济发展总体目标:海洋经济在国民经济中所

占比重进一步提高,海洋经济结构和产业布局得到优化,海洋科学技术的贡献率显著加大,海洋支柱产业、新兴产业快速发展,海洋产业国际竞争能力进一步加强,海洋生态环境质量明显改善。形成各具特色的海洋经济区域,海洋经济成为我国国民经济新的增长点,逐步把我国建设成为海洋强国。

《纲要》要求调整海洋产业结构,优化布局,扩大规模,注重效益,提高科技含量,实现持续快速发展。加快形成海洋渔业、海洋交通运输业、海洋油气业、滨海旅游业、海洋船舶工业和海洋生物医药等支柱产业,带动其他海洋产业的发展。此外,对于沿海地区海洋经济发展目标及海洋生态与资源保护目标作了规划。

二、全国科技兴海规划纲要

为了促进海洋产业发展,指导和推进海洋科技成果转化与产业化,支撑、带动沿海地区海洋经济发展,国家海洋局先后颁布了多部关于科技兴海的规划文件。

《全国科技兴海规划纲要(2008—2015年)》总结了我国海洋科技发展的现状与需求,提出全国科技兴海的基本原则和发展目标。到2015年,海洋科技促进海洋经济又好又快发展的长效机制初步建立,科技兴海布局合理,海洋产业标准体系较为完善,科技成果转化率提高到50%以上,取得一批海洋产业核心技术,培育3到5个新兴产业,培育一批中小型海洋科技企业;以企业为主体的科技创新体系初步形成;海洋公共服务能力显著提高;海洋产业竞争力和可持续发展能力显著增强;海洋开发利用与海洋生态环境保护协调发展;科技进步对海洋经济的贡献率显著提高。

《纲要》提出,到2015年,各沿海区域基本形成适应区域海洋科技能力和沿海经济社会发展需求、具有区域特点、国家和地方及企业相结合的科技兴海平台。环渤海和长江三角洲地区,形成以中心城市为载体的海洋科技成果转化、产业化和服务平台,以及辽宁"五点一线"、津冀沿岸带、山东半岛城市群、长三角城市群构成的科技兴海网络,加速海洋高技术产业集聚、辐射和扩散,营造海洋科技实现梯度转移的良好环境;珠江三角洲地区和海峡西岸经济区发挥区域和政策优势,形成特色的海洋高技术成果转化和产业化基地;北部湾经济区和图们江口区形成接应基地。

《全国科技兴海规划(2016—2020年)》依据《国民经济和社会发展第十三个五年规划纲要》《"十三五"国家科技创新规划》《全国海洋经济发展规划(2016—2020年)》等进行制定。在全面实施上一轮科技兴海战略的基础上,提出新时期海洋发展目标:到2020年,形成有利于创新驱动发展的科技兴海长效机制,构建起链式布局、优势互补、协同创新、集聚转化的海洋科技成果转移转化体系。海洋科技引领海洋生物医药与制品、海洋高端装备制造、海水淡化与综合利用等产业持续壮大的能力显著增强,培育海洋新材料、海洋环境保护、现代海洋服务等新兴产业的能力不断加强,支撑海洋综合管理和公益服务的能力明显提升。基本形成海洋经济和海洋事业互动互进、融合发展的局面,为海洋强国建设和我国进入创新型国家行列奠定坚实基础。

三、国家海洋事业发展规划纲要

2008年国家海洋局发布了《国家海洋事业发展规划纲要》,这是中华人民共和国成立以来我国首次发布的海洋领域总体规划。《纲要》对促进我国海洋事业的全面、协调、可持续发展和加快建设海洋强国具有重要的指导意义,是指导我国海洋事业发展的纲领性文件。

《纲要》提出,到2020年海洋事业发展将初步实现数字海洋、生态海洋、安全海洋、和谐海洋。具体目标为:全民海洋意识普遍增强,海洋法律法规体系健全,监管立体化、执法规范化、管理信息化、反应快速化的综合管理体系基本形成。涵盖海洋资源、环境、生态、经济、权益和安全等方面的综合管理和公共服务活动。重点提出了海洋资源可持续利用、海洋环境和生态保护、海洋经济统筹协调、海洋公益服务、海洋执法与权益维护、国际海洋事务和海洋科技与教育等方面的任务。

《纲要》指出,海洋事业发展的基本原则是坚持统筹兼顾,深化海洋综合管理;坚持权益优先原则,提高安全应对能力;坚持可持续发展原则,加强资源环境保护；坚持指导服务，促进海洋经济发展；坚持改革创新原则，发挥科技支撑作用。提出了海洋资源可持续利用、海洋环境和生态保护、海洋经济统筹协调、海洋公益服务、海洋执法与权益维护、国际海洋事务和海洋科技与教育等方面的重点任务，也提出了在管理协调、依法行政、人才战略、提高能力、加大投入和增强海洋意识等方面的保障措施。

四、海洋经济发展纳入我国"十三五"规划

21世纪是海洋的世纪，国家"十二五"规划提出要制定和实施海洋发展战略，提高海洋开发、控制、综合管理能力，加强海洋产业结构调整和海洋综合管理。国家"十三五"规划中，明确提出拓展蓝色经济空间，坚持陆海统筹，发展海洋经济，科学开发海洋资源，保护海洋生态环境，维护海洋权益，建设海洋强国。

《规划》指出：一方面要壮大海洋经济，优化海洋产业结构，发展远洋渔业，推动海水淡化规模化应用，扶持海洋生物医药、海洋装备制造等产业发展，加快发展海洋服务业。发展海洋科学技术，重点在深水、绿色、安全的海洋高技术领域取得突破。推进智慧海洋工程建设。创新海域海岛资源市场化配置方式。另一方面要加强海洋资源环境保护，深入实施以海洋生态系统为基础的综合管理，推进海洋主体功能区建设，优化近岸海域空间布局，科学控制开发强度。严格控制围填海规模，加强海岸带保护与修复等；同时维护海洋权益，有效维护领土主权和海洋权益。加强海上执法机构能力建设，深化涉海问题历史和法理研究，统筹运用各种手段维护和拓展国家海洋权益，妥善应对海上侵权行为，维护好我国管辖海域的海上航行自由和海洋通道安全。积极参与国际和地区海洋秩序的建立和维护，完善与周边国家涉海对话合作机制，推进海上务实合作。进一步完善涉海事务协调机制，加强海洋战略顶层设计，制定海洋基本法。

五、全国海洋经济发展"十三五"规划

2017年5月国务院印发《全国海洋经济发展"十三五"规划》的通知，它

是"十三五"时期我国海洋经济发展的行动纲领,规划期为2016—2020年。《规划》按照《中华人民共和国国民经济和社会发展第十三个五年规划纲要》有关要求,确定"十三五"时期海洋经济发展的指导思想、基本原则和总体目标。

《规划》紧围绕统筹推进"五位一体"总体布局和协调推进"四个全面"战略布局,坚持创新、协调、绿色、开放、共享的新发展理念,提出到2020年发展目标:海洋经济发展空间不断拓展,综合实力和质量效益进一步提高,海洋产业结构和布局更趋合理,海洋科技支撑和保障能力进一步增强,海洋生态文明建设取得显著成效,海洋经济国际合作取得重大成果,海洋经济调控与公共服务能力进一步提升,形成陆海统筹、人海和谐的海洋发展新格局。海洋经济发展方面,《规划》提出:推进海洋传统产业转型升级,促进海洋新兴产业加快发展,提高海洋服务业规模和水平,促进海洋产业集群发展,提升海洋产业标准化水平,增强海洋产业国际竞争力。

六、全国海洋功能区划(2011—2020年)

《全国海洋功能区划(2011—2020年)》于2012年为国务院批准,是继2011年国家"十二五"规划提出"推进海洋经济发展"战略后,国家依据《海域使用管理法》《海洋环境保护法》等法律法规和国家有关海洋开发保护的方针、政策,对我国管辖海域未来十年的开发利用和环境保护作出的全面部署和具体安排。《区划》期限为2011—2020年。

海洋功能区划是合理开发利用海洋资源、有效保护海洋生态环境的法定依据,必须严格执行。《区划》划分了八类海洋功能区,并提出了各类功能区管理要求。将我国全部管辖海域划分为农渔业、港口航运、工业与城镇用海、矿产与能源、旅游休闲娱乐、海洋保护、特殊利用、保留等八类海洋功能区。确定了渤海、黄海、东海、南海及台湾以东海域等五大海区的总体管控要求,明确了重点海域主要功能和开发保护方向。

在渤海海域,具有水交换能力差、开发利用强度大、环境污染和水生生物资源衰竭问题突出等特点,提出了两个"最严格"的管理政策,即最严格的围填海管理与控制政策和最严格的环境保护政策。渤海海域重点支持唐山曹妃甸新区、天津滨海新区、沧州渤海新区等集约发展临海工业与生态城镇，重点保护双台子河口、黄河口等滨海湿地生态系统。

黄海海域，具有基岩港湾众多、海岸地貌景观多样、沙滩绵长、淤涨型滩涂辽阔、海洋生态系统多样等特点，提出要优化利用深水港湾资源、稳定传统养殖用海面积、建设现代化海洋牧场、高效利用淤涨型滩涂资源。黄海海域重点发展大连、青岛等沿海主要城市周边滨海旅游业，重点保护鸭绿江口等滨海湿地生态系统。

东海海域，具有港湾和岛屿众多、滨海湿地资源丰富、生态系统多样性显著、油气和矿产资源富集等特点，提出要发展国际化大型港口和临港产业、限制海湾内填海和填海连岛。东海海域要重点保障以上海港、宁波—舟山港为核心的港口航运服务业及海洋先进制造业发展，支持浙江舟山群岛新区和海峡西岸经济区建设，推进海岛开发开放。要加强油气资源和浅海砂矿资源勘探开发，建设东海油气资源开采基地。加强钓鱼岛等传统渔业资源区的恢复与合理利用。要重点保护群岛生态系统和红树林、珊瑚礁等滨海湿地生态系统。

南海海域，具有战略地位突出、热带生态系统发育、矿产资源丰富的特点，提出要推进大陆和岛屿维权基地建设、加强重要海岛基础设施建设、推进南海海洋资源开发和利用。南海海域重点支持南沙群岛、中沙群岛、西沙群岛海域发展海洋渔业，推进海南岛、中沙群岛、西沙海岛旅游资源开发，建设永兴岛—七连屿珊瑚礁旅游区。重点保护珊瑚礁、红树林、海草床生态系统和中华白海豚、白蝶贝、儒艮等生物资源。同时要加强南澎列岛、石碑山角、针头岩、佳蓬列岛、围夹岛、大帆石等领海基点海岛保护。

第二节　我国沿海地区海洋发展战略与定位

一、沿海地区海洋发展功能定位

根据《全国海洋经济发展"十三五"规划》，我国海洋经济创新发展的总体趋势为：进一步优化我国北部、东部和南部三个海洋经济圈布局，加大海岛及邻近海域保护力度，合理开发重要海岛，推进深远海区域布局，加快拓展蓝色经济空间，形成海洋经济全球布局的新格局。其中北部海洋经济圈由辽东半岛、渤海湾和山东半岛沿岸及海域组成，东部海洋经济圈由江苏、上海、浙江沿岸及海域组成，南部海洋经济圈由福建、珠江口及其两翼、北部湾、海南岛沿岸及海域组成。

辽东半岛沿岸及海域，功能定位是东北地区对外开放的重要平台、东北亚重要的国际航运中心、全国先进装备制造业和新型原材料基地、重要的科技创新与技术研发基地、重要的海洋生态休闲旅游目的地、生态环境优美和人民生活富足的宜居区。

渤海湾沿岸及海域，功能定位是京津冀协同发展和环渤海合作发展的重点地区，是区域整体协同发展改革引领区、全国创新驱动经济增长新引擎、生态修复环境改善示范区。

山东半岛沿岸及海域，功能定位是具有较强国际竞争力的现代海洋产业集聚区、具有世界先进水平的海洋科技教育核心区、海洋经济改革开放先行区、全国重要的海洋生态文明示范区。

江苏沿岸及海域，功能定位是"丝绸之路经济带"与"21世纪海上丝绸之路"的重要交汇点、新亚欧大陆桥经济走廊重要战略节点、陆海统筹和江海联动发展先行区、东中西区域合作示范区、生态环境优美、人民生活富足的宜居区。

上海沿岸及海域，功能定位是国际经济、金融、贸易、航运和科技创新中心。

浙江沿岸及海域，功能定位是我国重要的大宗商品国际物流中心、海洋海岛开发开放改革示范区、现代海洋产业发展示范区、海洋渔业可持续发展示范区、海洋生态文明和清洁能源示范区。

福建沿岸及海域，功能定位是两岸人民交流合作先行先试区域、"21世纪海上丝绸之路"建设核心区、东部沿海地区先进制造业的重要基地、我国重要的自然和文化旅游中心、生态文明试验区。

珠江口及其两翼沿岸及海域,功能定位是全国新一轮改革开放先行地、我国海洋经济国际竞争力核心区、"21世纪海上丝绸之路"重要枢纽、促进海洋科技创新和成果高效转化集聚区、海洋生态文明建设示范区、南海资源保护开发的重要基地、海洋综合管理先行区。

广西北部湾沿岸及海域,功能定位是构建西南地区面向东盟的国际出海主通道、打造西南中南地区开放发展新的战略支点、形成"一带一路"有机衔接的重要门户。

海南岛沿岸及海域,功能定位是我国旅游业改革创新的试验区、世界一流的海岛休闲度假旅游目的地、全国生态文明建设示范区、国际经济合作和文化交流的重要平台、南海资源开发和服务基地、国家热带现代农业基地。

二、沿海省市海洋经济发展战略比较

我国沿海省市充分发挥海洋资源优势,重视海洋经济发展,初步形成了各具特色的海洋经济发展战略。

辽宁省海洋经济发展定位:2009年7月国务院通过了《辽宁沿海经济带发展规划》,辽宁沿海经济带包括大连、丹东、锦州、营口、盘锦、葫芦岛6个沿海城市所辖的21个市区和12个沿海县市。战略定位:立足辽宁,依托东北,服务全国,面向东北亚。把沿海经济带发展成为特色突出、竞争力强、国内一流的临港产业集聚带,东北亚国际航运中心和国际物流中心,建设成为改革创新的先行区、对外开放的先导区、投资兴业的首选区、和谐宜居的新城区,形成沿海与腹地互为支撑、协调发展的新格局。

河北省海洋经济发展定位:2011年11月国家发改委印发《河北沿海地区发展规划》,河北沿海地区包括秦皇岛、唐山、沧州三市所辖行政区域,陆域面积3.57万平方千米,海岸线487千米,海域面积0.7万平方千米。战略定位:环渤海地区新兴增长区域,京津城市功能拓展和产业转移的重要承接地,全国重要的新型工业化基地,我国开放合作的新高地,我国北方沿海生态良好的宜居区。

天津市海洋经济发展定位:2013年9月国家发改委正式批复实施《天

津海洋经济科学发展示范区规划》,天津市成为续山东、广东和福建之后第四个设立全国海洋经济发展试点的地区。规划范围为天津市行政管辖区域,陆域面积约11947平方千米,海域面积约2146平方千米。战略定位:加快实施国家海洋发展战略,拓展国民经济发展空间,坚持科学发展和陆海统筹,积极促进经济发展方式转变,提升海洋经济综合竞争力,立足天津海洋经济科学发展的特点,致力打造全国海洋高新技术产业集聚区、海洋生态环境综合保护试验区、海洋经济改革开放先导区和陆海统筹发展先行区。

山东省海洋经济发展定位:2011年1月,国务院批复了《山东半岛蓝色经济区发展规划》,这是我国第一个以海洋经济为主题的区域发展战略。山东半岛蓝色经济区包括山东全部海域和青岛、东营、烟台、潍坊、威海、日照6市及滨州市的无棣、沾化2个沿海县所属陆域,海域面积15.95万平方千米,陆域面积6.4万平方千米;山东省其他地区作为规划联动区。其战略定位:立足山东半岛在海洋产业、海洋科技、改革开放和生态环境等方面的优势,结合我国加快转变发展方式和优化沿海空间布局等方面的战略要求,建设具有较强国际竞争力的现代海洋产业集聚区、具有世界先进水平的海洋科技教育核心区、国家海洋经济改革开放先行区和全国重要的海洋生态文明示范区。

江苏省海洋经济发展定位:2009年6月国务院通过了《江苏沿海地区发展规划》,江苏沿海地区处于我国沿海、长江和陇海—兰新线三大生产力布局主轴线的交汇区域,包括连云港、盐城和南通三市所辖全部行政区域。战略定位:立足沿海,依托长三角,服务中西部,面向东北亚,建设我国重要的综合交通枢纽,沿海新型的工业基地,重要的土地后备资源开发区,生态环境优美、人民生活富足的宜居区,成为我国东部地区重要的经济增长极和辐射带动能力强的新亚欧大陆桥东方桥头堡。

浙江省海洋经济发展定位:2011年3月,国务院正式批复《浙江海洋经济发展示范区规划》,浙江海洋经济发展示范区包括浙江全部海域和杭州、宁波、温州、嘉兴、绍兴、舟山、台州等市的市区及沿海县(市)的陆域(含舟山群岛、台州列岛、洞头列岛等岛群),海域面积26万平方千米,陆域面积3.5

万平方千米,其中海岛的陆域总面积约 0.2 万平方千米。战略定位:立足浙江省资源条件、产业基础和体制机制等方面优势,加快转变经济发展方式,优化沿海空间布局,科学确定浙江海洋经济发展示范区的发展定位,提升对我国海洋经济发展的引领示范作用。建设我国重要的大宗商品国际物流中心、我国海洋海岛开发开放改革示范区、我国现代海洋产业发展示范区、我国海陆协调发展示范区、我国海洋生态文明和清洁能源示范区。

福建省海洋经济发展定位:2009 年 5 月,国务院讨论通过《关于支持福建省加快建设海峡西岸经济区的若干意见》。海峡西岸经济区,是指台湾海峡西岸,以福建为主体包括周边地区,南北与珠三角、长三角两个经济区衔接,东与台湾岛、西与江西的广大内陆腹地贯通,具有对台工作、统一祖国,并进一步带动全国经济走向世界的特点和独特优势的地域经济综合体。战略定位:两岸人民交流合作先行先试区域,服务周边地区发展新的对外开放综合通道,东部沿海地区先进制造业的重要基地,我国重要的自然和文化旅游中心。

广东省海洋经济发展定位:2011 年 8 月国务院批复《广东海洋经济综合试验区发展规划》,主体区范围涵盖了广东省全部海域和广州、深圳、珠海、汕头、惠州、汕尾、东莞、中山、江门、阳江、湛江、茂名、潮州、揭阳 14 个市,海域面积 41.9 万平方千米,陆域面积 8.4 万平方千米。战略定位:科学发展主题和加快转变经济发展方式主线,优化海洋经济发展格局,构建现代海洋产业体系,促进海洋科技教育文化事业发展,加强海洋生态文明建设,创新海洋综合管理体制,将广东海洋经济综合试验区建设成为我国提升海洋经济国际竞争力的核心区、促进海洋科技创新和成果高效转化的集聚区、加强海洋生态文明建设的示范区和推进海洋综合管理的先行区。

广西壮族自治区海洋经济发展定位:2008 年 2 月,国务院批准实施《广西北部湾经济区发展规划》,北部湾位于中国南海西北部,是指中国的广西沿海、广东雷州半岛、海南西部,以及越南东北部所围成的海域,即通常所说的"两国四方"。广西北部湾经济区处于北部湾顶端的中心位置,主要包括南宁市、北海市、钦州市、防城港市所辖区域范围,同时,包括玉林市、崇左市的交通和物流。战略定位：以开放合作为重点，以改革创新为动力，进一步解放思想，更新观念，抓住机遇，发挥优势，着力优化经济结构，转变发展方式，优化空间布局，加强联合协作，不断提高综合实力和竞争力，努力把北部湾经济区建成我国沿海发展的新一极，在带动广西发展、促进西部大开发、实现东中西互动、加强中国—东盟合作的进程中发挥更大作用。

海南省海洋经济发展定位：国务院办公厅2009年12月发布了《国务院关于推进海南国际旅游岛建设发展的若干意见》，海南是我国最大的经济特区和唯一的热带岛屿省份。战略定位：我国旅游业改革创新的试验区，世界一流的海岛休闲度假旅游目的地，全国生态文明建设示范区，国际经济合作和文化交流的重要平台，南海资源开发和服务基地，国家热带现代农业基地。

表1-1　　　　　　　　我国沿海省市海洋经济区域发展规划

省份	相关规划	时间	战略定位
辽宁	辽宁沿海经济带发展规划	2009.07	临港产业集聚带 东北亚国际航运中心和国际物流中心 改革创新的先行区 对外开放的先导区 投资兴业的首选区 和谐宜居的新城区
河北	河北沿海地区发展规划	2011.11	环渤海地区新兴增长区域 京津城市功能拓展和产业转移的重要承接地 全国重要的新型工业化基地 我国开放合作的新高地 北方沿海生态良好的宜居区
天津	天津海洋经济科学发展示范区规划	2013.09	全国海洋高新技术产业集聚区 海洋生态环境综合保护试验区 海洋经济改革开放先导区 陆海统筹发展先行区
山东	山东半岛蓝色经济区发展规划	2011.01	具有较强国际竞争力的现代海洋产业集聚区 具有世界先进水平的海洋科技教育核心区 国家海洋经济改革开放先行区 全国重要的海洋生态文明示范区

（续表）

省份	相关规划	时间	战略定位
江苏	江苏沿海地区发展规划	2009.06	我国重要的综合交通枢纽 沿海新型的工业基地 重要的土地后备资源开发区 生态环境优美人民生活富足的宜居区 我国东部地区重要的经济增长极 新亚欧大陆桥东方桥头堡
上海	国务院关于推进上海加快发展现代服务业和先进制造业建设国际金融中心和国际航运中心的意见	2009.12	基本建成航运资源高度集聚、航运服务功能健全、航运市场环境优良、现代物流服务高效，具有全球航运资源配置能力的国际航运中心
浙江	浙江海洋经济发展示范区规划	2011.03	重要的大宗商品国际物流中心 海洋海岛开发开放改革示范区 现代海洋产业发展示范区 海陆协调发展示范区 海洋生态文明和清洁能源示范区
福建	关于支持福建省加快建设海峡西岸经济区的若干意见	2009.05	两岸人民交流合作先行先试区域 服务周边地区发展新的对外开放综合通道 东部沿海地区先进制造业的重要基地 重要的自然和文化旅游中心
广东	广东海洋经济综合试验区发展规划	2011.08	海洋经济国际竞争力的核心区 促进海洋科技创新和成果高效转化的集聚区 加强海洋生态文明建设的示范区 推进海洋综合管理的先行区
广西	广西北部湾经济区发展规划	2008.02	我国沿海发展的新一极 带动广西发展 促进西部大开发 实现东中西互动 加强中国—东盟合作的进程中发挥更大作用
海南	国务院关于推进海南国际旅游岛建设发展的若干意见	2009.12	旅游业改革创新的试验区 世界一流的海岛休闲度假旅游目的地 全国生态文明建设示范区 国际经济合作和文化交流的重要平台 南海资源开发和服务基地 国家热带现代农业基地

资料来源：根据各省市沿海发展规划整理。

第三节 上海国际航运中心建设相关战略研究

上海国际航运中心建设是上海发展战略中的重要组成部分,至《关于推进上海加快发展现代服务业和先进制造业建设国际金融中心和国际航运中心的意见》发布,上升为国家战略以来,国家、省市和各部委的各类规划多次提及上海国际航运中心建设,明确了航运中心建设的目标与任务。

一、关于推进上海加快发展现代服务业和先进制造业建设国际金融中心和国际航运中心的意见

2009年4月,国务院发布《关于推进上海加快发展现代服务业和先进制造业建设国际金融中心和国际航运中心的意见》,指出国际航运中心建设的总体目标是:到2020年,基本建成航运资源高度集聚、航运服务功能健全、航运市场环境优良、现代物流服务高效,具有全球航运资源配置能力的国际航运中心;基本形成以上海为中心、以江浙为两翼,以长江流域为腹地,与国内其他港口合理分工、紧密协作的国际航运枢纽港;基本形成规模化、集约化、快捷高效、结构优化的现代化港口集疏运体系,以及国际航空枢纽港,实现多种运输方式一体化发展;基本形成服务优质、功能完备的现代航运服务体系,营造便捷、高效、安全、法治的口岸环境和现代国际航运服务环境,增强国际航运资源整合能力,提高综合竞争力和服务能力,上海国际航运中心建设上升为国家战略。

二、上海市国民经济和社会发展第十三个五年规划纲要

2016年1月,上海市人民政府发布《上海市国民经济和社会发展第十三个五年规划纲要》,提出到2020年,上海基本建成与我国经济实力和国际地位相适应、具有全球资源配置能力的国际经济、金融、贸易、航运中心。其中国际航运中心发展目标为:基本建成航运资源集聚、航运服务功能健全、航运市场环境优良、现代物流服务高效,具有全球航运资源配置

能力的国际航运中心;基本形成以上海为中心、以江浙为两翼、以长江流域为腹地的国际航运枢纽港;基本形成现代化港口集疏运体系和国际航空枢纽港;基本形成现代航运服务体系,形成便捷、高效、安全、法治的口岸环境。

三、"十三五"时期上海国际航运中心建设规划

2016年8月,上海市人民政府印发《"十三五"时期上海国际航运中心建设规划》,明确上海国际航运中心建设"十三五"发展总体目标是:到2020年,基本建成航运资源高度集聚、航运服务功能健全、航运市场环境优良、现代物流服务高效、具有全球航运资源配置能力的国际航运中心。

《规划》提出,"十三五"期间,在海港枢纽方面,上海的集装箱年吞吐量预计达到4200万标准箱左右;空港枢纽方面,旅客年吞吐量预计达到1.2亿人次左右,货物年吞吐量达到400万吨以上,航班年起降88万架次左右;集疏运体系方面,将基本形成规模化、集约化、快捷高效、结构优化、与全球枢纽节点地位相匹配的现代化航运集疏运体系,四级及以上内河航道通航里程达到260千米,集装箱水水中转比例力争达到50%以上,铁路集疏运比重明显增加,空港地面交通保障能力显著增强。

在现代航运服务体系方面,上海基本建成国际航运服务中心,争取集聚与培育10家至20家知名航运服务企业;航运金融方面,初步建成具有国际影响力的航运融资、交易、结算、保险中心;邮轮产业方面,将建成亚太地区规模最大的邮轮母港之一,争取12艘至15艘邮轮以上海港为母港运营,增加邮轮访问艘次,邮轮旅客年发送量达150万人次至200万人次等。

四、"十三五"现代综合交通运输体系发展规划

交通运输是国民经济中基础性、先导性、战略性产业,是重要的服务性行业。2017年2月国务院印发《"十三五"现代综合交通运输体系发展规划》,提出基本建成安全、便捷、高效、绿色的现代综合交通运输体系,部分地

区和领域率先基本实现交通运输现代化的发展目标。

《规划》明确指出,到2020年基本建成上海国际航运中心,着力打造上海、北京、广州等国际性综合交通枢纽,有序推进上海、厦门、广州、深圳、等邮轮码头建设,优先推进上海、宁波—舟山、大连、天津等港口的铁路、公路连接线建设,稳步推进上海、宁波—舟山、厦门、深圳、广州等港口集装箱码头建设。

五、交通运输部关于推进特定航线江海直达运输发展的意见

2017年4月水运局发布《交通运输部关于推进特定航线江海直达运输发展的意见》,其中提出:到2020年,建立健全长江经济带江海直达运输法规规范和管理制度,基本形成长江和长三角地区至宁波—舟山港和上海港洋山港区江海直达运输系统,水路集疏运比重进一步提升,江海直达运输经济社会效益得到显现。到2030年,建成安全、高效、绿色江海直达运输体系,江海直达运输的经济社会效益显著提升,为长江经济带发展提供有力支撑。同时要促进上海国际航运中心、舟山江海联运服务中心和重庆长江上游航运中心、武汉长江中游航运中心、南京区域性航运物流中心联动发展,积极推动宁波—舟山港、上海港洋山港区等江海直达运输配套码头、锚地等设施的升级改造。

六、全国海洋经济发展"十三五"规划

2017年5月,国家发展改革委、国家海洋局印发《全国海洋经济发展"十三五"规划》,提出"十三五"时期我国海洋经济发展方向与目标。其中明确指出:上海沿岸及海域重点加快推进上海国际航运中心建设,加强与"21世纪海上丝绸之路"沿线国家的交流与合作,提升国际枢纽港对长江流域的服务能力,优化现代航运集疏运体系,努力使上海成为"21世纪海上丝绸之路"的重要节点。依托上海自由贸易试验区的改革创新,完善以船舶融资租赁、航运保险、海事仲裁、航运咨询和航运信息服务等航运现代服务业体系,推进国际航运发展综合试验区建设。加快邮轮、游艇经济发展,支持邮轮、

游艇出入境管理等政策试点。发展海洋工程装备和大型邮轮等高技术船舶设计建造。完善邮轮生产与服务配套产业链,进一步提升上海邮轮产业的国际地位和竞争力。

第四节　发展转型中上海国际航运中心战略定位

一、上海国际航运中心战略定位

根据2009年4月国务院发布的《关于推进上海加快发展现代服务业和先进制造业建设国际金融中心和国际航运中心的意见》(国发〔2009〕19号文件),要求2020年上海基本建成国际航运中心,即航运资源高度集聚、航运服务功能健全、航运市场环境优良、现代物流服务高效,具有全球航运资源配置能力的国际航运中心。其中,航运资源高度集聚体现在以海、空枢纽港吞吐量和航运企业、机构等为代表的要素集聚程度保持国际领先地位;航运服务功能健全体现在具备完善的航运、航空配套服务功能,对外辐射能力较强,服务市场达到一定规模;航运市场环境优良体现在政府监管,服务高效,法治环境优良;现代物流服务高效体现在集疏运体系合理,口岸综合效率达到国际先进水平,全程物流服务便捷。

新时代下,上海国际航运中心的战略定位在建设长江经济带、打造"一带一路"和"海运强国"以及建设上海自贸区等国家战略举措的推动下,上海国际航运中心建设全面提速。"一带一路"倡议是中国构建全方位对外开放新格局的重要基础,其战略布局的内涵及外延丰富。其中,"政策沟通、设施联通、贸易畅通、资金融通和民心相通"这"五通"是"一带一路"愿景和行动计划中,提出的沿线各国合作的主要内容。在全面对接"一带一路"之际,上海正着力把自贸试验区建设与"四个中心"建设相结合,着力把上海自贸试验区建设与"一带一路"和长江经济带发展相结合,探讨研究"一带一路＋自贸区"深度融合战略。

近年来,上海国际航运中心建设稳步推进,凭借资源优势、配套优化和服务提升,在国际航运市场的地位得到提高。而上海既是"一带一路"和长江经济带的重要交汇点,也是世界第一大集装箱吞吐港和世界三大货邮吞吐量航空港之一,作为当今最为重要的国际航运中心之一,上海的发展必将为推动中国乃至全球的航运事业发展注入新的活力。

二、加强上海国际航运中心航运服务和软实力建设

上海国际航运中心的建设已经取得了很大的成绩,从 2005 年起上海港口货物吞吐量已位居世界首位。但是必须清醒地认识到:追求吞吐量第一未必有利于当地经济的发展,一年装卸 5 亿吨货物给上海这个国际大都市带来的交通、环境压力的负面影响很大。而且,港口巨大的吞吐量并不一定会带来最好的社会收益,从"又好又快"和"可持续发展"的科学发展观考虑,上海应该着重于发展高端航运服务。

以航运服务业为特征的伦敦与以港口业为特征的鹿特丹做比较:2004 年伦敦航运及航运服务业带来的利润大约是 23 亿英镑,同年作为世界大港的鹿特丹港的利润为 26.59 亿欧元,约合 18 亿英镑,前者为后者的 1.28 倍。如果从人均利润贡献的角度来考察,伦敦比鹿特丹高得更多。[①] 目前,虽然伦敦每年的港口吞吐量不超过 1 亿吨,但仍保持着全球顶级国际航运中心的地位,主要是因为伦敦占据了世界航运高端服务市场的大份额。例如,2002 年,伦敦航运融资放贷总额为 200 亿英镑,约占世界市场份额的 20%;航运保险费收入 32 亿英镑,约占世界市场份额的 19%;航运仲裁年案值 4 亿美元,航运经济交易金额 340 亿美元,约占世界市场份额的 50%;航运就业人数达 14000 人。这说明货物吞吐量与高端航运服务所带来的经济价值前轻后重。有业内人士已经提出,"未来中国更多的是生产高附加值产品,体积会越来越小,对集装箱的需求将下降。中国从南到北,都在大力上马集装箱项目,是不明智的","在世界海运总量中,原油排在第一位,其次是

[①] 良干:《几点思考——在鉴真轮上发言的提纲》,见 http://blog.sina.com.cn/s/reader_4d4cde5401000ak0.html,2008 年 6 月 26 日最后访问。

干散货,最后才是集装箱"。① 因此,中国的港口除了集装箱运输外完全可以大力发展散货运输和短途海运。实际上延伸和强化上海与内陆腹地联结点之间物流链的重要性不亚于现代化深水集装箱码头的建造。现代航运中心是以海运为主发展海陆空多式联运及现代物流服务,完善城市交通网络,进一步提高多式联运和物流效率、降低交通运输成本,是促进港航经济发展的关键。

对照世界三大航运中心,目前的上海港各方面都有一定基础,但各方面也都有一定差距,尤其是航运服务特色不明显。这种状态,正困扰着这个世界大港的进一步发展。如果上海港不能在体制上重塑,不能在航运政策、经营机制、服务理念和竞争手段上突破发展"瓶颈",同样会面临丧失机遇和落伍淘汰的可能。

三、着重发展航运中心的综合资源配置优势

伦敦模式、香港模式、鹿特丹模式?究竟是哪种模式更适合上海国际航运中心呢?或者兼而有之更好?联合国贸易与发展会议在《第三代港口市场和挑战》报告中强调指出:"贸易港口作为海运转为其他运输方式(陆运、空运或内河航运)的必要过渡点的作用逐渐减弱,作为组织外贸的战略要点的作用日益增强,成为综合运输链当中的一个主要环节,是有关区域经济和产业发展的支柱——国家贸易的后勤总站。港口在现代国际生产、贸易和物流中发挥着重要的战略作用。"根据上海的地理位置和腹地经济优势,应当着眼于大力发展航运中心的综合资源配置功能,也就是包括:(1)国际金融中心;(2)国际贸易中心;(3)生产制造中心;(4)以港口物流业为核心业务的物流服务中心。只有定位明确了,才能对症下药,才能有效地考虑四个中心的联动发展,以整合资源,提高发展效率。上海要建设国际航运中心,现

---

① 上海国际港务(集团)有限公司总裁陆海祜曾如此坦言,详见新浪财经频道,《长三角港口群变局世界第一港离上海有多远》,http://finance.sina.com.cn/chanjing/b/20041102/17181126843.shtml,2008年6月24日最后访问。

有的模式只能作为参考。上海,应该主动跳出上海的一地视野,站在国家战略的高度,在服务长三角、服务长江流域、服务全国的大前提下,确定若干个航运中心功能建设的项目,以此为突破口,带动航运服务业的起步与发展。长三角港口群应当兼采伦敦、鹿特丹、香港模式之长,发展成为腹地中转式航运中心和航运服务中心。特别是上海港和洋山港更应重点发挥航运服务与资源配置的作用,在与长三角其他港口的良性竞争中错位发展,在发展高端航运金融服务、航运法律服务、物流服务,吸引和汇聚资金流、人才流和信息流、航运中介组织和航运服务企业方面起到表率作用。根据国家对上海"四个中心"建设的要求和实现"四个率先"的要求,上海在口岸开放政策方面可以采取试点创新措施,提升口岸便利化、自由化和国际化程度。考虑到国际航运中心的综合资源配置型定位,在软环境建设方面需要综合考虑到机构、人才、体制创新政策的方方面面,特别要考虑到航运中心和金融、贸易中心的互动,特别注意相关研究和机构协调,不能仅限于交通、航运领域,应注意商务部门和交通部门的协调与合作。

提高上海国际航运中心的软实力,应强调像伦敦、鹿特丹、安特卫普、香港等国际一流港口一样提供高效、便捷、国际化的航运金融和航运服务,为港、航、货的自由进出提供完善的法律保障机制。当前制约上海国际化航运服务业发展的瓶颈包括各港口定位和功能不明确,区域航运资源整合不力,缺乏统一的区域性政策推进机构和综合服务机构,缺乏复合型航运人才,在航运物流信息、航运立法和航运高端服务不够完备等各个方面。

四、带动长三角港口群发展

我国在环渤海地区的大连和天津以及珠三角地区包括香港特区在内都在力争创建一流的国际航运中心,长三角港口之间似乎也存在激烈的竞争,但是,在我国可以有多个国际航运中心,但各航运中心的功能和定位不同,在合理的规划和政策、立法引导下可以协同发展、错位发展,应当允许竞争、鼓励发展航运规模经济,让地方利益通过企业合作、资本联结、信息和政策趋同等方式边竞争边发展,上海有发展成为国际综合航运服务中心的便利条件。政府不必对市场行为过多干预,而应该着重于引导市场有序竞争,遏制恶性竞争。政府可以为港航企业的发展创造有利环境和规范市场运作。在岸线规划、港口用地等资源配置方面提供政策支持,在航道和市政配套建设方面加大力度,加快推进跨区域交通基础设施建设,形成区域集疏运网络化互联的布局。

国际经验篇

第二章 世界海洋经济与著名国际航运中心发展研究

第一节 世界海洋经济发展战略比较

一、世界海洋经济发展总体趋势

(一) 海洋战略地位上升,河口海岸和岛屿成为海洋开发重点,海洋发展已上升为国家战略

海洋特殊的地理特点和丰富的海洋资源,已经成为国际政治、经济和军事斗争的重要舞台。主要体现:一是海洋经济在沿海各国经济中占据重要地位。据欧洲委员会研究估计,海洋和沿海生态系统服务直接产生的经济价值每年在180亿欧元以上,涉海产业产值已占欧盟国民生产总值的40%以上。二是各国设立海洋事务机构,突出海洋在国家发展战略中的重要地位。如美国建立内阁级海洋政策委员会、日本设立海洋大臣、欧盟设立海洋与渔业委员会等。

河口海岸和岛屿成为海洋开发重点。河口海岸和岛屿地处江海接合部,其通江达海的独特区位条件使其拥有外通大洋、内连深广经济腹地的突出优势,因而成为国家海上防御的重要基地、对外贸易的交通要塞以及世界顶级城市和特大城市的发祥地,也因此成为各国海洋经济开发的热点和重点。如位于美国哈得孙河河口的纽约及其河口岛屿曼哈顿;位于英国泰晤士河口的伦敦;位于荷兰莱茵河口的鹿特丹;位于埃及尼罗河口的亚历山大以及位于中国长江口的上海、珠江口的广州和香港等。

(二) 海洋科技投入增加,海洋研究领域日益拓展

海洋科技投入增加。海洋科技已进入世界科技竞争的前沿,成为国家综合实力较量的焦点。沿海地区海洋经济国家分别制定了海洋科技发展规划,提出了优先发展海洋高科技的战略决策。如美国通过联邦预算和海洋政策信托基金对国家海洋政策提供资金支持;澳大利亚拟订《澳大利亚海洋科学技术发展计划》,提升海洋竞争力;欧盟提出欧洲海洋科学研究综合策略,鼓励科学界、产业界及政策制定者之间的合作和交流。

海洋研究领域日益拓展。海洋科技的不断发展,深海勘测和开发技术的逐渐成熟,计算机技术、新材料、新能源等在船舶设计和生产中加大应用,科学考察船、载人潜水器、遥控潜水器、深海拖拽系统、卫星等先进设备广泛使用,海洋开发逐渐从近海转向深海,开发内容也由简单的资源利用向高、精、深加工领域拓展。

(三) 海洋产业结构向高级化发展

海洋产业结构向高级化演进。世界海洋产业结构正由"海洋第一产业独大"向"三、二、一"高级结构转型,更注重资源节约和综合利用,充分考虑生态系统、社会系统和经济系统的内在联系和协调发展。主要特点是:产业层次从劳动密集型向技术密集型升级;海洋港口与航运服务、海洋设备和滨海旅游带动海洋第一、二产业与第三产业的融合发展;海洋的开发方式由传统单项开发向现代综合开发转变;开发理念从一味索取转变为生存与发展相协调,实现海洋可持续发展。美国、英国、加拿大、日本等海洋强国进入海洋产业结构快速升级、海陆产业互动、海洋资源可持续开发利用的新阶段。

海洋产业空间重心向亚太地区转移。近年来,亚洲太平洋沿岸国家海洋产业所占世界海洋产业比重总体呈现逐年增加的特点,原本海洋产业分

布集中的欧美海洋国家所占产值比重则呈下降趋势。从世界海洋产业市场分布来看,亚洲最大,依次是欧洲、北美洲、南美洲和非洲。其中,航运收入和海军支出作为产值最高的海洋产业,最大的市场在亚洲。世界海洋产业发展的主要基地由欧美地区向亚洲太平洋沿岸转移。

(四) 海洋生态安全威胁严峻

海洋生态受环境污染严重。在全球范围内,因人类活动造成的海洋生态环境恶化,已经到了十分严重的程度。如深受海洋环境污染损害的纽约湾、东京湾、墨西哥湾、杭州湾、亚速湾、地中海、波罗的海频频告急,几乎成了没有生命存在的"死海"。

海洋环境的监测和治理。建立统一的海洋环境监测系统和数据信息网络,促进对海洋环境的保护和恢复,推动可持续发展和对海洋资源的合理利用。如美国建立可测量的水污染减少目标,特别是对非固定的污染源,并制定实现目标的激励机制;加拿大制定了海洋水质标准和海洋环境污染界限标准,并采取了对石油等有害物质流入海洋的预防措施,设立"沿海护卫队"。

生态系统纳入海洋管理。世界各海洋大国逐渐形成了基于生态系统的海洋管理理念,协调海洋资源的开发与保护,解决生态危机。如美国海洋政策一条重要的指导原则是以生态系统为基础的管理原则(生态系统化管理);澳大利亚海洋政策以海洋生态系统和生物多样性为基础,其核心是基于海洋生态系统的区域海洋计划的实施。

(五) 政策协调成为海洋管理的最终目标

建立高层次协调机制。为实现海洋经济的可持续发展和海洋开发的合理有序,多个沿海国家制订了海洋综合管理计划并实施了海洋综合管理,旨在建立和完善海洋管理体制,确保海洋的可持续利用。解决各海洋部门的矛盾和冲突,强化对海洋事务的综合协调。如欧盟搭建海洋综合政策新管理框架,建立海洋政策专门委员会,负责各部门之间的政策协调;俄罗斯成立由总理任主席的海洋委员会;澳大利亚成立国家海洋部长委员会等。

制定实施综合管理的海洋政策或战略。许多国家在海洋政策或战略中明确"实施综合管理"的原则和目标。如澳大利亚制定《海洋产业发展战略》要求改变原有单一的海洋产业管理模式,实现海洋产业发展的综合管理;加拿大21世纪海洋战略以可持续开发、综合管理、预防为三大原则,形成相互配合的综合管理方法。

二、世界海洋发展战略比较

(一)主要国家海洋发展战略比较

海洋在全球的战略地位日趋突出,海洋经济成为世界经济的新增长点。世界各国都十分重视海洋经济发展,美国、加拿大、日本、英国、韩国和俄罗斯等国家都提出了各自的海洋经济发展战略,其海洋经济创新发展战略各有特点。

表2-1　　　　　　世界主要国家海洋经济创新发展战略

国家	海洋经济创新发展战略
美国	海洋产业发展多样化、海洋经济开发技术化、发展海洋循环经济、建设新海洋体制机制
加拿大	海洋可持续开发、海洋空间挖掘与岛屿开发、构建海洋资源与产业管理法律体系
日本	海洋经济区域化发展、海洋开发科技纵深发展、全民共同参与海洋保护
英国	着重发展交通运输业、强化海洋科学技术能力建设、形成独具特色的海岛管理方式
韩国	发展以高科技为基础的海洋产业、建立可持续发展的海洋渔业、统筹海洋环境和海洋旅游业发展
俄罗斯	开发和保护海洋资源、加快发展海洋船舶业发展、建立海洋信息保障体系

资料来源:根据世界主要国家海洋发展规划整理。

(二)国际典型城市海洋经济发展战略比较

1. 纽约海洋经济的发展战略

纽约位于纽约州东南部,是美国最大的城市及第一大港,也是世界第一大城市，占地面积约 1214 平方千米，人口约 817 万。其海洋发展主要体现在以下几个方面：

历史积淀和巩固贸易地位。一是 1817 年通过鼓励拍卖制的立法。使纽约州的拍卖税比此前的 3% 大幅降低，确保了进口贸易向纽约的集中以及内陆和沿岸的分销商汇集到纽约。二是 19 世纪创立班轮制度。使欧洲同美国之间的贸易路线逐渐向纽约集中，同时欧美之间信息传递加速，成为纽约在同其他港口竞争的关键阶段取得领先地位的重要因素。三是改善水运系统，通过建造运河，缩短航运路程，降低了运费，促进贸易中心地位的提高。

强化基础设施建设。一是交通运输网络方面，形成了港口与河运、铁路、公路和航空共同组成的综合运输系统，共拥有 200 条水运航线、14 条铁路线、380 千米地下铁道、3 个现代化航空港以及稠密的公路网。大市区所属的各岛之间，有多座桥梁和多条河底隧道相连贯，其中通行汽车的重要隧道有林肯隧道、荷兰隧道和布鲁克林隧道。二是航道和码头建设方面，有两条主要航道，一条是哈得孙河口外南面的恩布娄斯航道，由南方或东方进港的船舶经这条航道进入纽约湾驶往各个港区；另一条是长岛海峡和东河，由北方进港的船舶经过这条航道。码头实力稳居前列，货物年吞吐量超过 1 亿吨，约占全美港口吞吐量的 40% 以上。

以立法形式确定发展模式。在港口管理上，形成纽约港务局。这是一个政府机构也是一个公共机构，由立法确定。包括 7 个机场、6 个码头、隧道、桥梁、地铁等。是纽约州和新泽西州的经济发动机，提供了 70 多万人的就业。从管理结构上，纽约州和新泽西州的州长是纽约港最高领导，双方各出 6 人组成董事会。州长 4 年一换，董事会 6 年一换，保持政策执行延续性。纽约州长指定新泽西港务局局长，新泽西州长指定纽约港务局副局长，下面分航空部、海运部、隧道、桥梁等固定部门。在海上安全稳定方面，美国海岸警卫队负责水路的管理，包括治理涌流、船舶营救、打击恐怖分子。两州的纽约港岸线委员会也负责调查与打击犯罪活动，特别是一些有组织的犯罪。

2. 鹿特丹海洋经济的发展战略

鹿特丹是荷兰第二大城市,欧洲最大的海港,亚欧大陆桥的西桥头堡,位于欧洲莱茵河与马斯河汇合处。城市市区面积200多平方千米,港区100多平方千米,市区人口57万,包括周围卫星城共有102.4万。其海洋发展战略主要体现在以下几个方面:

依托内河航运促进海洋经济发展。一是完善内河交通运输网络。发展内河航运,以及包括公路、铁路、内河等多种运输方式相互补充的多式联运模式,满足交通可持续发展的要求,降低运输成本,提高运输效率。并依托莱茵河沿岸的多式联运系统,兴建港口物流园区,拓展港口城市竞争力与影响力。二是加强内河信息化服务。开发了三大信息系统:IVC 90 信息跟踪系统,掌握航行船舶的信息,特别是对危险品船或有污染的船舶实施全程监控追踪;VOIR 信息编辑系统,为船舶航行提供航行信息,有效控制航运事故的发生,或快速解决航运事故;IRAS 航运信息综合特种分析系统。

优化发展临港产业。一是以"城以港兴、港为城用"为发展主线,依托临港优势,优化发展造船业、石油加工、机械制造、制糖和食品工业等临港产业。第二次世界大战前,主要发展造船业和水工产品制造业;战后,利用世界"廉价石油"时期和自身海运大国的比较优势,大规模发展石化工业,成为世界三大炼油基地之一。同时,大力发展食品加工业,集中了食品加工业的贸易、存储、加工及运输公司。二是加强金融、保险、信息服务等第三产业发展。其服务业占就业的70%以上,交易需求信息及时准确。

注重港口规划和法制建设。一是以法制规范港口与航道资源,制定了协调欧盟各成员国统一的有关法规,包括引水法、货物运输法和码头装卸法、港口进出口法、港口服务市场法等。二是强化各类规划的编制和对接,由欧洲交通委员会编制欧洲内河航运发展规划。

3. 横滨海洋经济的发展战略

横滨位于日本关东地区南部、东临东京湾,南与横须贺等城市毗连,北接川崎市,是神奈川县东部的国际港口都市,也是日本最大的海港,占地面

积 437 平方千米,人口 370 万。其海洋发展主要体现在以下几个方面:

建立临港工业区,促进产业聚集。横滨工业以重化工为主,炼油、电器、食品、机械、金属制品等工业产值占工业总产值的 80%,还有钢铁、有色冶金、化学等工业。通过兴建临海工业区,实现产业的集聚,推动城市建设发展。建立起石油化工、造船、机械、火电等大中型工厂群,并设有工厂专用码头,在国际市场上极具竞争力。

发展滨海旅游与休闲产业。一方面,整合城市资源,大力发展滨海旅游与休闲产业,启动了"未来港口 21 计划",建立现代化的滨海城区。另一方面,突出横滨湾特色和亲水功能,在紧邻横滨湾的未来 21 世纪地区规划建设了横滨湾建筑群,大批造型独特的办公大楼吸引了大型公司总部及机构进驻,进而促进了总部经济和现代服务业的发展。

促进港口贸易发展。一是建设国际物流中转港。利用其地理位置最接近美国,日美的货源大部分都在该港装卸的优势,发展建设中转港,拓展贸易渠道。同时也发展中国和东南亚地区。二是降低港口码头的经营成本,如对远洋船采取进港费优惠措施,减收进港费;延长服务时间,简化和加速港口物流的通关手续等。

强调城市规划设计。将城市设计与立法结合,以新的基点、新的价值观和新的理论方法指导建设城市,提出经济开发、历史文化和城市设计三者紧密结合,融合观光旅游、商务、购物、会议、展览、博物馆为一体的新型城市综合体计划,打造国际性的港口城市。

第二节　世界著名国际航运中心发展模式

一、国际航运中心发展的历史沿革和类型

航运技术变革对国际航运中心和港口发展产生了很大的影响(详见表 2-2)。

表 2-2　　　　　　　　航运技术变革及其对港口影响[①]

工业经济发展时期	航运技术特征	技术变革带来的影响
机器时代	船舶大型化,集装箱船舶和其他专用船的兴起	需要更深的航道和泊位、更大作业、存储场地以及资本密集型投资
计算机时代	船舶持续大型化:20世纪90年代以来,4000TEU以上大型集装箱船陆续投入使用、货物装卸技术重大改进、多式联运和信息系统广泛运用	进一步发挥港口货物集散功能,拓展其经济腹地,港口间竞争加剧,以致港口市场策略广泛应用。港口相关服务专业化和多样化并举,港口城市码头作业区开始外迁
服务、信息时代	不断引进先进的信息技术,改善对货流的控制与管理	港口地理区位作用淡化,借助于"自由港"政策,港口发展成货物转运和配送中心

世界上有很多国际航运中心,其基本模式主要是三种:第一,以市场交易和提供航运服务为主,这种模式比较特殊,是靠悠久的历史传统和人文条件而形成的,在世界的国际航运中心中是唯一的,即伦敦国际航运中心。第二,以腹地货物集散服务为主,即腹地型的国际航运中心,如鹿特丹国际航运中心和纽约国际航运中心。第三,以中转为主,即中转型的国际航运中心,如我国香港国际航运中心和新加坡国际航运中心。国际航运中心是一个发展的概念,随着时代的变迁,国际航运中心的功能也在从第一代向第二代,再向第三代演变。第一代航运中心的功能主要是航运中转和货物集散。第二代国际航运中心的功能是货物集散和加工增值。第三代国际航运中心的除了货物集散功能外,还具有综合资源配置功能。[②] 上表可以清楚地表明国际航运中心功能随着科学技术进步而逐步演变的过程。

二、世界航运中心港口管理体制

(一)美国港口管理体制

美国是土地私有化国家,但海岸线的土地资源属于联邦政府,由联邦政

[①] 宋炳良:《上海港口功能的空间定位与国际航运中心建设》,《上海经济研究》2000年4月。
[②] 张绍飞:《世界主要国际航运中心基本模式功能》,《中国水运报》,见 http://chanye.finance.sina.com.cn/jt/2006-10-13/301348.shtml,2008年7月14日访问。

府交由州政府发展港口。州政府成立港务局统一管理和经营港口，或下放给郡、市管理。

美国港口运作有3种商业模式，分别是地主模式(landlord seaport)、运营模式(operator seaport)和这两者的结合模式(combination of landlord/operator seaport)。美国有34个公共港口属地主模式，其中包括长滩、洛杉矶、纽约—新泽西、新奥尔良、迈阿密等港务局。运营模式是港务局自己购买码头运营设备，雇佣员工直接经营，波士顿等11个港务局实行这种模式。实行混合模式的有休士顿、波特兰等11个港务局。

港口立法方面，联邦制定的有关法令包括：《1974年深水港口法》(*Deepwater Port Act of 1974*)、《1922年河流与港口法》(*River and Port Act of 1922*)等。上述法律一般不涉及港口的具体运作，主要规范航道的疏浚、港口安全等。各州议会也制定有各自的港口立法，如加利福尼亚州的《1920年滩涂法》(*Tideland Act of 1920*)、《1970年岸线法》(*Coast Act of 1970*)。州的法律对岸线有具体的规定，即只能在特定的地点修建码头。港务局据此做出规划，一般不会无限制地发展码头。

在港口的立法体系中，值得一提的是美国联邦海事委员会。作为独立机构，它的职责之一是向国会提出立法和修订法律的建议，解释法律，并依据法律制定相应的条例和规定。[①]

(二) 中国香港管理模式——私人企业经营管理的模式

世界上完全由私人经营管理的港口并不多，比较具有代表性的是香港的港口。香港的港口设施全部由私人投资建设、私人经营管理。其集装箱码头完全遵循自由港政策。例如，葵涌码头的19个集装箱泊位，分别由和记黄埔、美国海陆、韩国现代和中远(与和记黄埔合营)4家公司所经营。香港私营企业的业务经营极少受到行政干预，完全自主定价。香港以其高效

---

① 张晋元：《法制国家，依法管理港口与航运——美国港口与航运管理体制透视》，《中国港口》2005年第6期。

率和可靠性,吸引着大批航运公司长期与之合作,并成为现今世界上最繁忙的集装箱港口之一。

(三) 日本的港口管理模式

日本由政府、私人共同参与管理港口。一方面日本政府非常重视港口的社会公益性,把港口看作是国家和地区发展的核心,强调把港口开发建设纳入国家和地区经济发展的总体规划之中,明确政府在港口建设中的投资责任,确保国家对港口的所有权;强调地方政府对港口的管理权,注重以地方经济的发展来保证总体国民经济的发展水平。与此同时,日本政府又强调企业的独立经营权,港口管理机构被禁止妨碍和干涉私营企业的正常业务活动,不允许经营和私营企业相竞争的业务,港口管理机构也被禁止在设施利用、港口经营管理等方面对任意一方给予歧视性待遇,政府仅通过法律、财税等手段对港口经营企业进行宏观指导与调控。[①]

三、国际港口群管理和合作模式

(一) 国外区域港口组织的架构和法律功能

纽约—新泽西港口群竞合模式的主要特点是共同组建港务局,统一管理与规划,在码头建设、信息共享、港口安全和港口区域规划建设方面发挥了巨大作用。在发展港口的建设资金方面,纽约两港是通过销售债券的方式集资,不依赖于政府的预算,也不对地区纳税人增加负担。港务局没有股东也没有征税权,其收入主要是债券的销售和运输设施中征收的使用费和租金,所有的收入扣除折旧、贷款、公债的本息以及其他开支后都归港务局所有,用于港口发展或兴办公共福利事业,收入也不必交纳给政府,呈现出自主经营自负盈亏的特点。

为同釜山港和高雄港展开竞争,日本通过运输署来协调东京湾港口群,

---

① 颜艳艳、张明香:《国外港口管理模式探讨及对我国港口体制改革的启示》,见 http://www.lunwentianxia.com/product.free.6027358.1/,2008 年 7 月 3 日访问。

统一港口收费标准并简化进港程序,集中投资建设枢纽港。共同揽货,错位竞争,以提高整个区域的对外抗衡能力。

欧盟于1993年成立欧洲海港组织(ESPO)来协调管理整个欧洲地区分散于20多个国家的1200多个海港。其主要作用是通过保证各港口的自由竞争力和自主经营权的同时,用法律的形式来确保欧洲海港群总体利益,其政策主要包括多式联运、近洋运输、海运安全、环境等方面,同时也为港口的特定项目提供技术咨询以及资金支持。[①]

(二) 欧洲海港组织的经验

欧洲海港组织(ESPO),设在布鲁塞尔,于1993年成立。它不仅代表每一个海事成员国的利益,还代表欧盟海港群的整体利益。尽管ESPO的成员的规模、所有制和管理组织模式各不相同,但在发展欧盟海事及港口政策上的目标却是一致的。

ESPO的任务是影响欧盟公开政策的制定,从而建立一个安全、有效并在环境上可持续发展的欧洲港口体系。ESPO代表欧盟各海港的港口当局、港口协会和港口行政部门,而各港口部门则通过委派代表提出自己意见并最终达成一致来为港口的利益服务,同时也为欧盟、欧洲共同市场和整体运输政策的发展服务。ESPO还为欧洲各海港提供了一个平台,以便共同商讨重要问题并达成一致意见。此外,ESPO有权向欧盟委员会提出禁止颁布不合理的法令。

ESPO致力于欧洲800多个港口的国际海运与内河航运、陆路及铁路运输的衔接、贯通,以市场需求为准,并考虑客观的经济评价,进行地方港口管理与国家机关的协调,使欧洲的大中小港口充分发挥具体作用并达到健康的平衡。

在航海和港口作业安全、航海避难场所方面,欧盟要求各成员建立一个独立的有资质的机构,在船舶搜救避难方面有最终的决策权,这一中立机构

---

① 高林:《国外港口群合作的启示》,《中国水运》2007年第9期。

的决策要优先于地方机构包括港务局在内的决定。ESPO 在防止海事事故与海洋污染、海事安全网与海事信息交流等方面都发挥了积极的作用,并且促进了跨欧洲运输网络计划的实施和港口供应链的整合。

第三节　世界著名国际航运中心经验借鉴

一、伦敦国际航运中心

伦敦是世界上最早出现的国际航运中心城市,在 18、19 世纪是世界上最大的城市,它位于英国东南部,跨泰晤士河两岸,距河 88 千米,是海轮通航的终点。伦敦是英国首都,是政治、经济、文化和交通中心,是英格兰中部巨大城市带的首位城市,也是英国第一大港。伦敦港绵延于伦敦桥至入海口,全长 80 千米,占地(包括水域)160 平方千米,码头长 33 千米,航道宽 100—300 米,一般水深 9.7 米,可分为印度和米尔沃尔港区、蒂尔伯里港区和油轮码头三大港区。长期以来伦敦是世界上最大的航运市场,世界上主要的航运、造船和租船公司,都在伦敦设有代表机构。

英国伦敦国际航运中心已实现由货运中心向服务中心的转型,港口货流量已不再是伦敦国际航运中心的主要指标。伦敦国际航运中心具有六个基本特征:

一是航运及其相关产业结构全面服务化,呈现出后工业社会下航运产业结构的典型特征。除了运输和海运金融保险外,其他诸如与海运活动密切相关的法律、会计、咨询、广告、设计、科学研究、技术开发和教育等生产性服务业,在伦敦起着非常重要的作用。

二是伦敦国际金融中心在航运中心运作中的地位日益突出。20 世纪 50 年代,以伦敦欧洲美元市场为代表的离岸国际金融市场的开辟,是伦敦成为全球金融中心的转折点,伦敦银行间同业拆借市场利率成为全球国际金融通行的基准利率,贷款条件成为全球船舶融资市场的标准之一。

三是伦敦逐步发展为全球重要的海运经营管理中心。英国众多大公司,除了金融机构总部外,很多服务业公司总部设在伦敦,其中包括著名的海运从业者铁行集团、世界上最大的海运业者同业组织远东船公会(FEFC)总部也设在伦敦。

四是伦敦成为全球性海运知识与创新中心。伦敦波罗的海航交所开发的波罗的海干散货运价指数,是全球海运市场的"晴雨表",在该航运交易所挂牌交易的船型已成为全球各造船企业的指标之一。

五是伦敦成为全球海运信息枢纽。伦敦是世界海运专业媒体最为集中的城市,国际航运业权威机构德鲁里航运咨询公司、国际造船业权威咨询机构克拉克松研究公司、国际海事权威机构劳氏船级社、国际集装箱运输权威集装箱化国际咨询中心等均设在伦敦,其出版的年鉴、杂志、研究报告与国际数据等,指导着全球航运交易与航运市场的运行。

六是伦敦是官方和非官方国际海事机构的集聚地。联合国下属唯一的专门海事机构国际海事组织总部就设在英国伦敦。

二、纽约国际航运中心

纽约位于美国东北部大西洋岸哈得孙河注入大西洋的河口处。是美国第一大城市和最大海港,是美国最大的金融、商业、贸易和文化中心,联合国总部所在地。纽约港区岸线总长1200多千米,主要由哈得孙河下游、长岛海峡和斯塔膝岛西面水域组成。航道水深一般为15—20米,有的主航道达25米,有泊位400多个,有深水泊位150多个。有航线200多条,通往世界各地。纽约港区码头可分为工业码头、杂货与散装码头和客运码头与旅游岸线三种类型。

纽约国际航运中心的港口和机场货流量在全球的地位已大不如前,但其国际航运服务中心功能日趋显著,其具有以下特点:

第一,作为主要枢纽,纽约海空港的国际货物运输依然发达。纽约是世界上最大的航空枢纽之一,拥有肯尼迪国际机场、纽瓦克国际机场和拉瓜迪亚机场共3个空港7条跑道,航班直达全球各个城市。而纽约港尽管因美国进出口货物结构的变化,吞吐量有所下降,但依然保持在世界大港排名前列。

第二,纽约已成为全球范围内海运生产要素配置中心之一。布雷顿森林体系确立了美元的世界硬通货地位,保证了纽约成为全球金融中心之一,并使得纽约外汇市场的运作影响着全球外汇市场同时,道琼斯指数、标准普尔指数、纳斯达克指数已成为全球资本市场的"晴雨表",无时不影响着全球海运市场的周期性波动。

第三,纽约商品贸易中心的地位有力支持了海运相关活动。纽约商品期货交易所、纽约原油交易所、纽约黄金交易所、纽约棉花交易所等众多商品交易中心,对于国际海运市场发挥着巨大的影响力,如纽约商交所的原油期货价格就直接影响着国际油轮市场的走向。

第四,纽约是全球主要的海运信息枢纽之一。目前,纽约海运及其相关要素市场每天都在生产和消费着难以计量的数据信息,指导全球贸易和海运活动的运行。以报纸杂志为例,除了著名的《华尔街日报》《纽约时报》外,《商业日报》《海事日志》杂志、《国际航运海事》杂志等更是以海运信息为主要内容。

第五,纽约是北美区域最重要的海运知识与人力资源培养中心。著名的纽约大学设有海运学院,邻近的马萨诸塞州和缅因州也分别设有州立海运学院。另外,纽约周边分布着耶鲁、哥伦比亚和普林斯顿等著名大学,源源不断地为港航业提供技术咨询服务,构成了国际航运中心的重要支持体系。

三、东京国际航运中心

东京是日本的首都,位于日本最大的岛屿——本州岛的东部,是日本经济、政治、文化的中心。东京港位于本州南部东京湾西北岸,是日本交通中心。内外贸码头共计24个,泊位总数为115个,其中集装箱码头4个,集装箱泊位16个。东京国际航运中心的主要特点是:

第一,与国际金融中心和经营决策管理中心密切配合,功能互补。目前东京已经成为一个功能齐全、规模宏大的国际金融中心,东京股票市场交易额居世界第一位,东京外汇市场的交易量居世界第二,这为海运企业的造买船融资、运费结算等提供了相当的便利。

第二,以庞大的临港工业区、众多的港口和巨大的港口吞吐量为特色。2000年,千叶港以16904万吨吞吐量名列世界第七大港口,横滨港以11699万吨名列世界20大港口,东京港以8456万吨位居世界第31位港口,横滨和东京港集装箱吞吐量也双双进入世界前位。

第三,拥有众多的船公司,其中日本三大船公司的两个,即日本邮船和川崎汽船总部、远东班轮公会的远东区域办事处等均设于东京。

第四,拥有雄厚的教育、资讯与技术开发资源。东京商船大学历史悠久,日本海事技术研究所、日本邮船会社调查研究室等机构科研力量强,加上东京大学、早稻田大学、一桥大学和庆应大学等著名高校,以及众多相关的海事研究与情报杂志,东京堪称是亚太地区最重要的海事研究与情报中心之一。

当然,与伦敦国际航运中心相比,东京国际航运中心多以港口货运量、船队规模等"硬指标"上见长,而在海运信息情报、海运市场交易影响力等"软指标"方面仍相形见绌,这也是东亚地区新兴航运中心的共同不足,需进一步调整完善。

上海实践篇

第三章　上海国际航运中心发展回顾

第一节　上海国际航运中心建设的基本态势

国务院关于长三角区域规划要求进一步加大长三角区域港口群合作。2007年在长三角港口管理部门合作联席会议第二次会议上，成立了长三角港口群的港口规划与建设、港口市场监管、港口安全与环保、港口信息与培训四个合作工作组。长三角各港口管理部门积极响应国家要求，在长三角地区建设港群物流体系、集疏运综合体系和现代航运服务业体系等三大体系方面加强上海国际航运中心建设，充分发挥合作平台的作用，加强协调，提升港口服务质量和管理水平，共同促进港口群持续健康发展。

一、港口群吞吐量形成了"三足鼎立"的竞争态势

2016年，苏浙沪三地港口分别完成吞吐量21.6亿吨、14.1亿吨、7亿吨，集装箱吞吐量分别为1621万标箱、2156万标箱、3713万标箱。其中三地港口吞吐量江苏所占比重较高，在50%左右，浙江、上海次之；而在集装箱吞吐量方面，上海所占比重较高，接近50%，浙江、江苏次之。在综合水平上，上海、江苏和浙江三地港口各具优势、平分秋色、势均力敌，呈现出"三足鼎立"之势。

表 3-1　　　　　　　2016 年苏浙沪港口吞吐量完成表

	港口吞吐量		集装箱	
	总量（亿吨）	占比（%）	总量（万标箱）	占比（%）
江苏	21.6	50.6	1621	21.2
浙江	14.1	33.0	2156	30.4
上海	7.0	16.4	3713	48.4

资料来源：江苏省、浙江省、上海市 2016 年国民经济和社会发展统计公报。

二、长三角港口合作从"对话交流式合作"转向为"项目带动式合作"

长三角地区 16 个城市的港口管理部门，共同建立了长三角港口管理部门的合作联席会议制度和长效协调合作机制，形成畅通的工作协商渠道。长三角港口联席会议制度以国家整体利益为宗旨，积极探索有效的港口协调管理体制和机制，目的是解决长三角港口群规划及区域协调过程中的重大问题，研究长三角集装箱运输体系建设，建立互惠互利的合作机制。长三角港口管理部门成立了 4 个合作工作组，关注长三角港口群合作面临的突出问题。港口规划与建设合作工作组，对港口规划、岸线资源管理、港口建设管理等方面加强区域港口规划建设合作，促进长三角港口协调发展。港口信息与培训合作工作组，重点建立长三角港口信息平台，开通"长三角港口信息网"，发布各港口的动态信息，构建区域性危机预警联动管理信息系统，激活区域现代航运服务业和现代物流的信息化应用。港口市场监管工作组，重点是维护长三角港口市场公正公平、优化市场要素、促进区域港口合作与发展并发挥积极引导作用。

三、长三角港口的错位发展形成了共赢局面

长三角港口群的大发展带来了竞争态势，为形成长三角港口的共赢局面，长三角港口群实施错位发展，力求形成合作共赢态势。长三角港口群以市场发展和政府推动为契机，大规模地开展区域港口合作，在上海的南北两

翼港口群区域逐渐实施一体化发展。宁波港、舟山港合并，组合形成宁波—舟山港。苏州港口群把张家港港、太仓港和常熟港整合形成一体化，形成"苏州港"品牌。上海港与扬州等沿江港口开展合作。在长三角乃至长江流域的港口群之间，在货源和吞吐量竞争中，通过被资本渗透、相互持股等合作方式，形成新一轮的竞合发展模式，取代了传统的"共建共享"合作理念。上海国际港务集团和上海港集装箱股份有限公司共同持有武汉港务集团55％的股份，前者同时还持有南京港龙潭集装箱码头25％的股份。在重庆、武汉、安庆、扬州、南通、宁波等地，上海国际港务集团的投资已超过10亿元。宁波港也参与了南京港龙潭五期的建设。

四、航运服务决定了长三角港口群发展的未来

长三角主要港口的吞吐量总规模的竞争作用正在弱化，追求航运服务的质量提升成为长三角主要港口竞争与合作的重点，长三角地区港口群的航运服务的软实力竞争力在不断增强。上海港在构筑航运中心指标体系中，除了有集装箱吞吐量、航班密度、集装箱国际中转量等硬指标外，还有港口信息化水平、船舶拥有或经营规模、航运衍生服务、国际影响力、航运市场监管体系、航运相关大专院校等诸多软指标，通过提高港口服务质量推进上海国际航运中心建设。

五、长三角港口群域的各地政府视港口建设作为区域发展的重中之重

长三角各地政府在港口建设和港口集疏运网络建设上发挥了重大作用。上海在洋山港区，浙江在宁波港、舟山新区等给予了重点支持。在建港土地优惠、贷款政府担保、税收减免、路桥费免收等方面支持港口发展。长三角港口群的有关地方政府开展了大规模的交通基础设施建设项目，如上海的东海大桥、浙江的杭州湾大桥建设和舟山的13岛连岛工程等，大大地推进了上海国际航运中心建设和长三角港口群的发展。

第二节 上海国际航运中心建设存在的主要问题

上海国际航运中心以长三角港口群为基础,涉及行政区划的两省一市,港口群的竞争依然激烈。从整体来看,长三角港口群发展尚未形成科学合理的区域分工格局,港口的重复投资、港口产业的结构同化、港口结构性矛盾突出,长三角港口整体效应发挥受到了抑制,主要表现在以下几个方面:

一、长三角区域港口定位不清晰,分工不明确

目前,长三角港口群发展缺乏统筹规划,发展不平衡,功能分工不合理,结构性矛盾突出,未能从分工协作关系上考虑如何形成整体合力。虽然目前中心枢纽港、干线枢纽港、重要枢纽港、地方性港口四个层级港口框架体系基本明确,但港口建设中普遍存在着不合理竞争、重复建设、岸线利用粗放等现象,导致集装箱、进口铁矿石和原油等专业泊位能力不足。

二、长三角区域公水联运比例过高,集疏运体系不完善

长三角港口集疏运条件决定了港口的前途命运。近年来,上海公路、水路和铁路运输方式按照吞吐量计算的比例是 62.5∶37.1∶0.4。也就是通过公路与水路的联运的比例太高,而鹿特丹为 45∶47∶8。显然长三角的公路运输比例相对过高,水路、铁路运输比重偏小,这不符合国际大都市的航运中心的要求。形成这种情况的主要原因:一是铁路、水路运力不足。目前,长江黄金水道的疏浚工作还需要进一步深化。长三角的内河航运基础设施落后,相当数量的低标准通航净空桥梁限制了内河航道等级的提高。二是集疏运体系的衔接问题。主要是铁路、公路、港口之间的衔接不够。海铁、公铁、水水等联运的一体化运输体系滞后。铁路运输对港口运输的支撑不足,货物单一的集疏运方式限制了运量,抗风险能力较弱。三是城市道路交通规划建设与港口建设脱节。长三角港口与城市交通发展不同步、港口运输与其他集疏运方式结构不合理,城市道路建设与港口道路建设脱节,成

为科学合理集疏运体系的瓶颈。四是中心干线港口与支线港口尚未对接，区域内集疏运网络不完善。

三、长三角区域航运服务规模小，服务业国际化程度低

目前，长三角航运服务业主要以船代、货代等附加值较低的下游服务为主，尚未形成多层次、全方位的航运服务体系。航运融资、咨询、保险、仲裁、海损理赔、公证公估、航运组织、船舶管理、海运经纪等航运服务上，还没有形成规模，航运服务业的国际化程度较低。目前，上海在船舶贷款市场中份额不到1‰，全球海事仲裁部门近5年受理海商海事案件的争议标的总额仅3亿元。上海目前熟悉港口规划、远洋运输业务和国际惯例、国际航运市场运作、海事法律等复合型的人才缺口很大。

航运交易服务水平也有待提升。上海航运交易所与世界发达的航运交易所相比有很大的差距。如波罗的海交易所拥有2000多个航运经纪人，交易量占全球油轮运输交易的50%，干散货交易的30%—40%，超过半数的世界新船和二手船交易都由该交易所的成员完成，交易金额高达340亿美元。上海交易所虽在改善上海口岸环境、规范上海航运市场秩序、集聚航运资源等方面卓有成效，但与世界先进水平比较，主要表现在航运交易量不足；以场内交易为主的模式不符合现代信息技术条件下国际航运业的运作特点和规律；航运服务的内涵范围狭窄；缺乏足够的政策扶持和企业支持等。上海在航运服务业相关的政策、法律、法规等方面与国外发达国家相比还存在较大差距。

四、航运中心建设的政策滞后，软环境建设有待深化

目前，长三角各港区实行的是管委会与开发公司相结合的管理模式，口岸管理政出多门，且涉及中央相关部委，难以形成相对集中、统一的监管机构。保税港区虽然在物理空间上合而为一，但在管理制度上仍然处于分割状态。各部门对保税港区的政策优势无法真正发挥，对保税区和保税港区内企业的正常运营产生了较严重的影响。口岸环境有待改善，口岸通关效

率还不高。部分港口经营企业缺乏科学与先进的安全管理。港口群的信息化建设比较滞后,港航伙伴群体之间共享航运信息困难,港口群的各个环节还不能完全实现电子化。口岸商务成本较高,在东亚各港中,上海港国际中转价格比釜山高出20%左右。缺乏大批通晓国际航运规则、把握国际市场动态,又善于经营管理的复合型高级人才。

一是航运和物流成本过高。[①] 物流费用包括了物流周期引起的货物资金积压费用,上海的物流费用居高不下的一个很重要的原因就是时间成本太高。在上海发展物流的相关因素中,关键效能指标包括总物流服务水平和总物流服务成本。物流成本是跨国公司是否选择上海作为进出口口岸的重要指标。目前,中国的劳动力成本优势使跨国公司的采购成本(制造成本)得到降低,但是采购同时产生的附加物流成本却在增加。比如说,货物库存时间在国外一般是14天,而国内通常达到40天到45天。而货物的库存时间又直接影响到货主的资金流转情况,国内每笔资金每年流转1次到2次,国外是8次到10次,差距很大。

二是物流和航运服务不能满足市场需求。由于受运力限制,目前上海的物流服务不能完全满足该地区经济快速发展的要求。以IT行业为例,全世界将近2/3的IT生产企业已经或正在落户长三角地区,由于上海航空运力有限,在选择航空公司的时候,由于国外的航空、航运公司到达准时、服务好、价格便宜,所以货代会更多地选择国外的航空、航运公司。显然,上海的物流服务和航运服务已制约了跨国公司在上海的投资和贸易进出口。

三是航运和物流服务水平有待提高。在上海,物流服务所能提供的服务有限,综合满意度较差。跨国公司对上海的货代、长短途运输和散货运输等物流服务比较满意,但对仓储、货物动态查询较为不满。虽然有一些企业提供货物跟踪系统,但功能仍很不完善,实际使用中往往出现信息实时性不高、信息定位不精确、信息获取不方便和信息中断等问题。此外,海关通关时间过长也直接影响着上海物流服务的水平。

---

① 何骏:《上海物流服务业的现状与发展思路》,《上海企业》2006年10月。

第三节　上海国际航运中心发展目标

转型时期的上海国际航运中心建设,在三大体系方面进行了一定探索与突破。一是构建分工合理的港口物流体系,二是构建优化整合的集疏运体系,三是构建现代国际航运服务业体系。三大体系建设是上海国际航运中心建设成功与否的关键。

一、构建分工合理的港口物流体系

长三角区域目前拥有7个主要海港和约20个内河港口,成为我国港口密度最大的地区之一。上海国际航运中心建设服务长三角、构建科学合理的港口物流体系至关重要。

(一) 长三角港口群的物流体系发展目标

为了构建科学合理的长三角港口体系,上海国际航运中心建设要为长三角区域加快建设中心枢纽港、干线枢纽港、一般枢纽港和地方性港口等层次结构合理的港口群体系奠定基础。

中心枢纽港是指在港口体系中服务范围、功能作用、各项设施和吞吐规模量大、功能最全,在空间处于中心区域,枢纽特征最明显的大型、超大型港口。

干线枢纽港是指在长三角港口群中,功能比较齐全、区位条件好、服务范围广、发展潜力很大,除为本地服务以外,很大程度上承担着为长三角区域和沿海地区中转服务的干线运输的大型港口。

一般枢纽港和地方性港口是指在长三角港口群中为本区域服务和同时兼为周边地区乃至长江流域服务的功能,而且规模较大,功能比较齐全的较大型港口。

(二) 长三角港口群的物流体系的主要任务

从上海国际航运中心服务长三角的战略高度,上海要与长三角共同建设三大港口物流体系。

一是确立上海国际航运中心远洋集装箱干线港体系。要基于长三角有关重点区域港口的发展态势,深水港的航道资源和区域内各种资源生成量及整体效益分析,集疏运系统建设拓展能力,以及港口依托城市功能提供的航运服务能力,选择上海国际航运中心的远洋集装箱干线港口体系。

二是确立上海国际航运中心集装箱业务的支线港和喂给港群体系。长三角已经形成一批远洋航线和通往上海的内支线并举的支线港和以支线为主的喂给港。上海国际航运中心建设,长三角沿海港口的进出口货物将会不断吸引到上海国际航运中心来中转,因此,要科学建立长三角支线港和喂给港群体系。

三是确立上海国际航运中心江海联运和海进江转运体系。形成合理等级的海进江转运体系和顺应江海联运发展趋势,是构建上海国际航运中心的重要基础。

二、构建优化整合的集疏运体系

集疏运体系是港口赖以生存和发展的重要硬件基础,与港口服务业一起成为航运中心建设的重要支柱。集疏运体系作为连接港口与腹地的"大动脉",成为国际航运中心建设的重要组成部分。长三角区域合理规划港口运输方式,在各类港口与腹地找到最优运输路径,是上海国际航运中心服务长三角的重要内容。

(一)上海港的集疏运体系发展目标

到 2020 年,上海国际航运中心集疏运体系基本上要形成以水路集疏运为主体、公路集疏运为辅助的低能耗、低污染、高效率的综合集疏运体系,水路集疏运系统所占比例达到 60%。

在硬件建设上,加快内河航道建设,尽快形成运输通道,合理布局和规划内河集装箱港口和货运站。同时重视制度创新,建议实行启运港退税政策,激发企业对上海国际航运中心退税的积极性,长三角成立联合性的内河航运公司,避免内河运输的无序竞争,长三角各类港口实施联盟经营、兼并、重组、参股,为长三角港口一体化,共建上海国际航运中心奠定基础。

(二) 上海港的集疏运体系主要任务

一要加快铁路线路建设。目前上海铁路对运能十分紧张,无力承担集装箱快速增长对铁路集装箱集疏运的要求。铁路能力约束是海铁联运发展的主要制约因素之一。加快铁路线路建设将对于推动海铁联运具有重要意义。

二要加紧支线泊位与锚地的规划建设。上海国际航运中心集装箱泊位建设的速度远不及集装箱运输的发展速度,泊位缺乏,尤其是支线泊位缺乏的问题十分突出,已经影响到内河航运发展。在大力发展内河运输的宏观背景下,上海国际航运中心应尽快规划支线泊位与锚地。

三要加快小内河"一环十射"航道建设。小内河航道建设滞后是阻碍上海小内河运输发展的重要因素之一。2007年,上海小内河集疏运箱量不足6400TEU,与上海港2615万TEU的吞吐量形成巨大反差。小内河集装箱集疏运方式是长三角地区公路集装箱集疏运系统的重要补充,应加快航道建设,形成运输通道。

四要实施保税港区"启运港退税"政策。洋山保税港区在功能与开放度上实现突破性进展,但与国际上一些自由港相比,在许多方面还存在不足,特别是"启运港退税"政策方面的差距。上海要充分利用洋山港区特殊的地理、政策等优势,进一步推行洋山港区实施"启运港退税"政策试点,将在出口退税的时效方面与境外中转港口一致,吸引更多国内集装箱货物从水路经洋山港区转运。

五要突破江海不能直达的政策限制。由于海上和内河的水文条件、气候条件差异极大,海上航行的船舶对船舶的结构强度和稳性要求远高于内河船舶,我国交通运输部有关规定对内河船舶的航行区域有所限制,内河船舶不得进入海区。江海不能直达造成沿江运输必须在长江口进行二次换装,既增加成本,又制约沿江运输发展。上海可借鉴新加坡港和香港港的经验,出台关于长江至洋山港区特定航线船舶检验和安全管理的相关规定,允许有条件的江船直达洋山港区,从而降低运输成本,推进沿江运输发展。

六要制定内河、铁路集装箱运输扶持政策。在短距离运输方面,内河、铁路运输在成本上没有优势。政府部门要给予内河、铁路运输企业财政补贴、减免收费、提供免息贷款等具体优惠措施,扶持内河、铁路集装箱运输企业、切实推动集装箱集疏运方式的改变,全面优化上海国际航运中心集疏运体系。

三、构建现代国际航运服务业体系

长三角区域港口发展,对航运服务业需求剧增,尤其是在高端服务业上,重点是在航运融资、海事保险、海事仲裁、海损清算、航运交易、航运咨询等方面有较大需求。近年来长三角地区航运服务业发展迅速,但目前包括上海在内,一些国际航运方面的服务供给还是远远没有达到要求。

(一)上海国际航运服务业体系发展目标

长三角已形成了以上海港为中心,以江苏、浙江两部分港口为两翼的港口总体布局,形成了中心枢纽港、干线枢纽港、一般枢纽港和地方性港口等四个层次的基本格局。为了加快现代航运服务业的发展,上海国际航运中心要提升航运服务能级,以发展高端服务为重点,形成长三角区域层次分明的航运服务业体系,加强与长三角港口城市间的区域合作,重点是码头、港口功能分工,根据集装箱、散货、中转运输的特殊需求,明确航运服务领域,优化航运辅助产业结构,科学创建长三角航运服务业体系,形成上海国际航运中心阶梯有序的发展新格局。

1. 中心枢纽港:与上海市各港区联动发展

北外滩、洋山深水港及临港新城和外高桥港区作为整个上海综合性国际航运中心的三大组成部分,在角色定位、功能定位上具有互不冲突、互不可替代性的互补性特点。洋山深水港、外高桥港区主要侧重集装箱吞吐能力和综合物流服务功能。北外滩主要集聚航运服务企业,打造国际航运中心软环境建设,实现错位发展。为此北外滩现代航运服务业要全面拓展航运总部、船舶注册、航运融资、海事保险、海事仲裁、航运交易、航运咨询、航运组织、航运信息、航运教育等高端服务功能,使北外滩航运产业集群区域与洋山深水港、外高桥港区三位一体联动发展,为上海国际航运中心提供高端服务功能,强化上海作为国际航运中心核心城市的地位。

2. 干线枢纽港:与宁波港和苏州港联动发展

在为干线枢纽港、宁波港和苏州港服务上,要紧紧抓住宁波港是长江三角洲及长江沿岸地区工业发展所需能源、原材料及外贸物资运输的主要中转港,国际集装箱运输的干线港的功能定位。紧紧抓住苏州港以国际集装箱、铁矿石运输为主,相应开展石油化工品及临港工业的原材料和产成品运输的多功能功能定位,提升上海国际航运服务业的高端服务业。通过产业转移和承接,形成长三角区域结构合理、层次分明的航运服务业体系,航运服务业发展分工协作、互惠共赢的发展态势。

3. 重要枢纽港:与南京港、镇江港、南通港和舟山港联动发展

长三角重要枢纽港的南京港以能源、外贸和旅客运输为主,公用码头和货主码头并重,其主要功能为输油管线、海进江原油、铁矿石、煤炭以及津浦铁路换装服务;为长江沿线主要厂矿企业的能源、原材料和产品的中转运输服务。为此,北外滩针对重要枢纽港功能定位,强化以海运业为核心的衔接功能。一是要重点针对重要枢纽港中以集装箱运输功能为主的港区,如南京港的龙潭港、镇江港的谏壁港、南通港、北仑港区、大榭港区等,提供航运业高端服务。二是要对重要枢纽港中以散货运输功能为主的港区,将货物运输、船舶租赁、拖船作业等海运业相关业务进行服务功能衔接。

4. 地方性港口:与扬州港、泰州港、无锡港、常州港和嘉兴港等港口联动发展

上海航运服务业重点对江苏的扬州港、泰州港、无锡港、常州港和浙江的嘉兴港等一些地方性港口提供集装箱堆场、仓储、船舶代理、货运代理、报关、理货、内陆运输、船舶供应、船员劳务、码头等海运辅助业服务。

(二) 上海国际航运服务业体系主要任务

上海国际航运服务业重点是为长三角港口群集装箱发展提供服务。针对长三角港口群的布局与定位,根据上海国际航运服务业的功能、业态和企业构成,提出与长三角港口群服务的联动重点区域和主要任务。

1. 加强长三角区域航运服务业发展的联动

一是要加强同江浙两省的港口群联动。根据各港区的产业特点和功能定位,加强上海与长三角港口城市之间的区域合作。重点是码头、港口功能分工和产业分工等。针对集装箱、散货、中转运输的特殊要求,明确航运服务领域,推进长三角航运服务业形成的"高、精、专"发展格局;强化海运辅助业对长三角的辐射,要将上海航运服务业与长三角港口群的中心枢纽港、干线枢纽港、重要枢纽港以及地方性港口加强海运辅助业的对接和服务。重点是通过市场经济手段,鼓励企业在上海建立总部,在长三角其他港口建立分部。要通过制定较高的准入标准,运用税收政策、"腾笼换鸟"等措施,"过滤"掉非核心业务,优化海运辅助业产业结构,促使部分码头功能、集装箱堆场、仓储等低端服务向外转移,留住业务特色鲜明、附加值相对较高的航运服务业。

二是实施市内联动,带动长三角区域软环境体系建设。充分利用上海自身的资源优势,开展区域合作。以体制机制为重点突破口,建立三个区域之间航运服务发展协调推进机制,共同解决区域发展中的资源要素支撑、基础设施建设、生态环境保护、社会事业发展、公共事务管理等问题,提升航运服务中心管理水平。充分利用上海保税区的政策优势,完善上海航运服务业软环境,加大政策环境设计,带动长三角港口群整体制度创新。

2. 增强上海航运服务功能

一是依托上海国际航运中心建设,立足结构调整、功能提升。要紧紧抓住航运中上游产业,体现上海航运服务业特色。要加快航运金融、咨询、经纪、保险等要素市场的集聚,重点开展航运融资、海事保险、海事仲裁、海损理算、航运交易、航运咨询、公证公估、航运组织、船舶管理等航运融资及其管理服务业,通过优化上海区域环境,吸引知名企业入驻,促进航运服务企业成群、产业成链、要素成市。

二是要以上海航交所和国际航运物流人才服务中心的两大平台为核心品牌。要完善上海航交所信息、交易、咨询三大服务功能,吸引长三角区域及国内外知名航运融资及其管理服务业企业入驻。提升上海国际航运物流人才服务中心功能,与国内外高校、研究机构联动,培养长三角区域航运服务业人才,将使原有的航运物流人才的培养和储备功能向培养复合型航运服务业人才转变。实现以北外滩服务业集聚区为载体,带动城区整体功能的完善和城区总体形象的提升。

3. 大力发展邮轮经济

围绕上海国际客运中心,积极引进大型邮轮公司,打造长三角区域邮轮经济品牌。邮轮经济是为长三角旅游经济的重要组成部分,通过油轮母港,规划和建设长江沿线、浦江沿线、钱塘江沿线,连接长三角沿江、沿海城市,为长三角区域服务。使邮轮经济既为航运服务业发展拓展新的增长点,也为上海发展增添一道亮丽的风景线,凸显长三角区域航运服务品牌。

第四章　上海国际航运中心港口物流体系建设

第一节　上海国际航运中心港口物流体系建设基本思路

一、上海港口物流体系发展现状

长三角区域目前拥有 7 个主要海港和约 20 个内河港口,成为我国港口密度最大的地区之一。上海国际航运中心建设服务长三角,构建科学合理的港口物流体系至关重要。

上海港物流基础设施迈上新台阶。港口码头建设继续向大型化、专业化方向发展。上海内河航道总长 2058 千米,其中适宜集装箱船舶通航的三级(1000 吨级)以上航道达到 100 千米。近年来上海国际航运中心建设继续取得了阶段性的成果:洋山深水港区北港区主体工程已全部通过国家竣工验收,深水港区四期开港,长江口深水航道治理三期工程顺利通过国家竣工验收,标志着迄今为止我国最大的水运工程全面完成,满足第三、第四代集装箱船和 5 万吨级船舶全潮双向通航的要求,同时兼顾满足第五、第六代大型远洋集装箱船和 10 万吨级满载散货船及 20 万吨级减载散货船乘潮通过长江口的要求;上海港罗泾港区二期工程正式通过国家竣工验收,将提升上海港的集聚和辐射能力,对促进长三角地区经济协调发展起到重要作用;

北外滩国际客运中心码头等工程的相继建成和投入营运,适应了上海及区域经济发展需要和国际航运船舶大型化、经营集约化的趋势。

上海港的港口服务功能开始与国际接轨。国际化、市场化、信息化程度得到提升,上海口岸综合管理和配套服务水平提高,口岸环境改善。洋山保税港区是中央批准的我国第一个保税港区,先发优势和示范效应明显,政策叠加的优势有利于洋山港区在高起点上实现跨越式发展。同时,外高桥和临港物流园区、北外滩现代航运服务集聚区启动运作,服务功能与国际接轨。上海港每月集装箱航班密度超过2000班以上,航线覆盖全球300多个港口。

上海港服务辐射能力进一步增强。据统计,上海港外贸集装箱除本地箱源外,约90%来自长江流域;内贸集装箱箱源中近60%分布在长江流域港口;内支线运输货源中长江流域地区占总量约80%。作为长江流域的重要出海通道,上海港为长江流域省市提供服务和保障,长江流域经济发展为上海港发展提供支撑和源泉。洋山深水港建设营运在同步实施并推进上海国际航运中心建设、"一带一路"建设和长江经济带建设三项国家战略或倡议方面,发挥了特殊的重要作用。

上海港推动了长江"黄金水道"新一轮开发。近年来,长江沿线港口基础设施建设速度不断加快,货物吞吐量水平不断提高,已形成了以重庆、宜昌、城陵矶、武汉、九江、芜湖、南京、镇江、苏州和南通等港口为中心,覆盖长江流域广阔腹地的长江流域港口布局。上海港的洋山港,作为枢纽港和中转站,使内地实现江海联运成为可能,推动了优化长三角港口结构,进一步落实国务院建设"三个体系"的战略布局。有关省市依托长江航运、促进区域经济合作,使洋山深水港区与长江的连接发挥出更大的效益和作用。

上海港促进了长江航道整治和船型标准化进程。上海港的洋山深水港与长江连接的巨大效益主要体现在以集装箱运输为代表的水运方式的发展。未来10—20年长江流域货运量和货物周转量特别是集装箱量增长迅速,而洋山深水港吞吐能力的增长可满足其需要。长江流域集装箱运输的迅速发展和洋山与长江连接后的强力支撑等因素有效推进了长江航道整治和船型标准化进程。国务院相关部门和沿江省市积极推进并全面实施内河高等级航道网建设和内河运输船舶标准化工作,通过船型标准化和规范化,提高江海联运的效率,使长江与洋山深水港的连接更为顺畅。

上海港加快了与长三角港口群的一体化建设。长三角各港口正积极进行港航产业和要素的整合、组织和集成,实现优势互补和分工合作。上海实施的跨区域企业合作的"长江战略"已取得了明显成效。国内外广大船公司都有意向在洋山港区开辟航班、航线,各大港口经营企业也有意参与洋山投资、建设和经营。由上海市港口管理局牵头,并与宁波、南京和南通港口管理局共同发起,在南通成功召开了长三角港口管理部门合作发展联席会议第一次会议以后,长三角16个城市的港口管理部门共同签署通过了《长三角港口管理部门合作发展联席会议制度》等一系列政策措施,推动了上海与长三角港口群建设一体化发展。

上海港的港口物流功能不断深化。随着外高桥物流基地的建设,港区物流功能从以往简单的装卸、集散货物为主的运输功能逐步扩展到仓储、货物分类、包装、加工、配送等新的服务领域,同时使港区物流的辐射功能和综合服务功能也不断得到了新的提升。

但是,也应该看到,随着现代综合交通体系的不断完善和建设上海国际航运中心目标的提出,长三角的沿江沿海港口的结构和布局也存在许多问题。如大中小泊位的比例失衡,在长三角沿江沿海的2000多个生产性泊位中,万吨以上泊位只占20%。集装箱、矿石、煤炭等大型专业化的泊位缺乏,大型专业化泊位比重较低,各类港口的布局和分工不合理,影响了长三角区域港口整体效益的发挥。

二、上海国际航运中心港口物流体系建设主要内容

上海国际航运中心建设中,要科学规划建设上海集疏运体系,主要包括港口群规划建设、现代物流体系规划建设、枢纽港口规划建设和沿江港口规划建设。

（一）港口群规划建设

长三角目前在港口群发展中，面临着一方面港口群的集装箱吞吐能力供给不足，另一方面集装箱的运输需求旺盛的问题。因此，长三角区域纷纷集中力量，重点加快了集装箱深水泊位的规划与建设，这将为2020年基本建成上海国际航运中心奠定坚实的基础。长三角港口建设重点将集中在以下几个方面：

一是加快能源码头的建设，以尽快缓解电、煤紧缺的局面，并适应未来能源调整的需要，大力发展LPG、LNG，保障上海能源安全。二是对区域内各港口的功能和作用进行合理定位，以提高经济效益为目标，有效配置港口资源。三是深化长三角的港口规划，重点修编符合城市总体规划和长三角区域交通综合规划。四是协调长时间各个港口之间、港口与其他有关系统的关系，从综合运输的角度，统筹考虑港口集疏运系统，使得港口发展与公路、航道、铁路发展衔接、配套。五是结合长三角地区港口岸线、土地资源紧缺的特点，注重土地、岸线、水资源的集约化利用和环境的有效保护，通过资源整合，提高资源利用效率，实现港口现代化与生态环境相协调的可持续发展。

（二）现代物流体系规划建设

一是以上海国际航运中心建设为依托，发展集装箱运输体系，发展以江苏苏州港为北翼、浙江宁波港和舟山港为南翼的集装箱干线港，以及南京、南通、镇江等港，形成近洋航线和通往上海的内支线并举的支线港口群，长三角的其他港口将形成以内支线为主的喂给港的集装箱运输体系。二是加强以城市和港口为中心的物流中心和物流园区建设，实现货运物流化，以现代物流的组织管理方式，实现高效、快捷的高质量货物运输服务。三是与长三角城市群空间布局、产业分布以及交通基础设施网络相协调，加快区域物流中心和城市物流中心建设，形成布局合理、有机衔接组织高效的现代物流体系。

(三) 枢纽港口规划建设

上海港规划建设。上海国际航运中心建设核心港的上海港将不断发展壮大,港口功能将进一步优化,国际中心地位以及辐射带动作用日益增强。作为我国重要的对外贸易窗口和南北沿海运输的中心,也是长江航运的龙头和江南内河航运的重要枢纽,依托通江达海的优势,积极发挥对内对外两个扇面的辐射作用。

宁波港、舟山港规划建设。宁波港、舟山港将成为上海国际航运中心的重要组成部分,以资源优势和区位优势优化长三角地区的港口布局,弥补了上海港和长江口航道水深不足与船舶大型化的矛盾,提高了上海港以及长江下游诸港的整体竞争能力。通过加快深水集装箱大型专用泊位的建设,增加长三角地区国际集装箱的吞吐能力,提高远洋集装箱直达比例。

(四) 沿江港口规划建设

江苏省沿长江两岸以南京、扬州、镇江、苏州、南通等港口为重点的港口迅速崛起,增强了长三角地区综合运输能力,有重点、分层次、大中小结合的港口群总体布局正在逐步形成。沿江港口规划将以煤炭、石油、矿石等为重点的大宗散货接卸、中转系统建设为重点,有效保证腹地内能源、原材料需求的快速增长。

第二节 上海国际航运中心主要港口物流体系建设规划

上海国际航运中心以上海港为中心,以江苏(南京以下沿江诸港)、浙江(杭州湾诸港)为两翼的港口总体布局,考虑到近年来的港口发展变化情况和本地区经济发展趋势,以中心枢纽港、干线枢纽港、一般枢纽港和地方性港口四个层次对长江三角洲地区港口进行规划。

一、中心枢纽港

中心枢纽港是指在港口群体中服务范围、功能作用、各项设施和吞吐规模最大、最全而且在空间上处于中心位置、枢纽特征最明显的大型、超大型港口。目前长三角范围内主要是上海港。

港口布局及建设规划：上海港由黄浦江、罗泾、外高桥、金山和洋山港区组成。黄浦江港区承担水上客运和内贸集装箱以及为上海市生产、生活物资运输服务。罗泾港区是以煤炭、矿石运输为主的大宗干散货专业港区。外高桥港区包括高桥嘴和五号沟，是以集装箱为主、兼顾部分敞杂货运输的港区。金山嘴港区是承担液体化工、液化气、散杂货运输和为临港工业服务为主。洋山港区是以接纳超大型集装箱船为主的集装箱专业港区。

根据上海城市、港口规划建设的实际和今后发展面临的新形势，"十三五"期间，将以东北亚国际集装箱枢纽港建设为重点，为2020年基本建成上海国际航运中心奠定坚实的基础。为此，将新建、改造以及港区功能调整相结合，继续加强港口基础设施建设。一是要抓住集装箱吞吐能力供给不足与集装箱运输需求旺盛的矛盾，集中力量加快洋山深水港区的建设，大幅度提高国际集装箱的处理能力；二是为适应腹地产业结构和港口运输结构的调整，搞好黄浦江港区功能调整；三是为尽快缓解电、煤紧缺的局面，并适应上海未来能源调整的需要，应加快能源码头的建设，大力发展LNG，保障上海能源安全。考虑到上海市的岸线情况和环境容量，建议除集装箱外，为其他省市中转的大宗散货，应逐步转移到江苏、浙江有关港口承担。

二、干线枢纽港

干线枢纽港是指在长三角港口群体中，功能比较齐全、区位条件好、服务范围广、发展潜力很大，除为本地服务以外，很大程度上承担着为长三角以及长江流域和沿海地区中转服务的干线运输任务的大型港口。目前主要是宁波港和苏州港。

（一）宁波港：作为上海国际航运中心的重要组成部分，是长三角及长江沿岸地区工业发展所需能源、原材料及外贸物资运输的主要中转港,国际集装箱运输的干线港,是浙江省、宁波市国民经济和对外开放及发展临港工业的重要依托。随着国际国内经济形势的变化及世界港口向第三代港口发展趋势增强,宁波港的作用将会进一步提高。

宁波港主枢纽港由宁波、镇海、北仑、穿山北、大榭、梅山6个港区组成。宁波港区主要承担宁波市与甬江流域、附近沿海和陆岛间的短途货物运输任务,逐步进行功能调整,以服务城市物资运输为主,发展仓储、城市商贸、娱乐服务等功能;镇海港区以承担腹地内煤炭、液体化工、成品油、液化气、内贸集装箱、钢铁、木材及非金属矿石等运输、仓储为主的水铁、海河联运港区;北仑港区以承担远洋、沿海大宗散货中转和外贸集装箱运输任务为主,具有货物装卸储存、保税仓储、现代物流、临海工业开发、水运工业等多功能的大型综合性深水港区;大榭港区主要为大榭岛开发区的工业港区和华东地区液化石油气、原油中转及储备基地,并可承担部分上海航运中心集装箱运输任务;穿山北港区将承担远洋、沿海集装箱运输和煤炭、石油等大宗散货的中转运输任务;梅山岛港区是为本岛国土开发和经济发展服务为主的远期发展港区。"十三五"期间建设的重点,一是以穿山新港区为重点加快集装箱码头的建设,大幅度扩大吞吐能力;二是进一步强化煤炭、石油、铁矿石等大宗散货的接卸换装系统;三是搞好北仑港区的码头泊位调整,优化港区功能;四是与舟山联合搞好金塘、六横等岛屿岸线的规划与开发。

(二)苏州港:苏州港是上海国际航运中心集装箱枢纽港的重要组成部分。地处长江入海口的咽喉,东南紧邻上海,西南即为发达的苏、锡、常地区,紧靠集装箱生成地,箱源充足,拥有可供成片开发的优良深水岸线资源。长江口航道整治后可以满足集装箱运输船型大型化、全天候作业要求。有条件成为长江沿线外向型经济发展和外贸物资运输服务,为苏、锡、常地区临江工业的开发和发展外向型经济服务,以国际集装箱、铁矿石运输为主,相应开展石油化工品及临港工业的原材料和产成品运输的多功能、综合性港口。

苏州港包括张家港、常熟、太仓三大港区，主要任务是加快太仓港区的建设，提高通过能力，充分发挥在上海航运中心的地位和作用。一是完成太仓港区两个7万吨级集装箱的二期续建过程，努力缓解国际集装箱吞吐能力严重不足的矛盾；二是抓紧太仓港区四期和大型散货泊位前期工作，力争早日开工；三是搞好张家港老港区码头泊位的更新改造和功能调整，进一步提高效率和服务质量。

三、重要枢纽港

一般枢纽港在长三角港口群中除为本市服务以外，兼有为周边地区乃至长江流域服务的功能而且规模较大、功能比较齐全的较大型港口。主要有南京港、镇江港、南通港和舟山港。

（一）南京港

南京港是以能源、外贸和旅客运输为主，公用码头和货主码头并重，功能齐全的大型综合性港口。其主要功能为南京市和江苏省部分地区经济发展和对外开放服务，为鲁宁输油管线、海进江原油、铁矿石、煤炭以及津浦铁路换装服务，为长江沿线主要厂矿企业的能源、原材料和产品的中转运输服务。

全港由下关、浦口、仪征、新生圩、龙潭等港区组成。下关港区是长江客运港区；浦口港区主要承担长江煤炭下水运输任务；仪征港区是石油中转储运专用港区；新生圩港区是承担散货、件杂和汽车滚装为主的深水港区；龙潭港区是以集装箱运输为主、兼有临港工业开发和港口物流功能的综合性深水港区。

主要任务是新建与改造相结合，调整港区功能，提高港口吞吐能力和核心竞争能力，实现港口与腹地经济的协调发展。一是加快龙潭新港区集装箱码头、新生卫港区液体化工、铜井港区二期和西坝还建码头的建设；二是调整码头和港区的功能分工，将集装箱功能集中到龙潭港区，相应发展临港工业园区和港口物流园区；三是加强对现有港区的改造工作和对货主码头建设布局的规划指导。

(二) 镇江港

镇江港地处京杭大运河与长江十字交汇处,润扬大桥建成后进一步沟通了苏南与苏北联系。全港由高资、龙门、谏壁、大港、高桥、扬中六个港区组成。高资港区主要为沿江工业开发及支流内河航运服务;龙门港区是以承担大宗散货、件杂货装卸和旅客运输任务为主的综合性港区;谏壁港区主要为沿江工业服务;大港港区主要承担集装箱、大宗散货、件杂货物资的运输和新区工业开发任务;高桥港区主要为沿江大型企业开发及江海中转的深水港区;扬中港区主要为扬中市沿江工业开发服务。

主要任务是大力推进公用码头泊位的建设,大力提高港口综合通过能力,满足腹地社会经济发展对港口的需求。加快大港三期集装箱、矿石、散货泊位、龙门件杂和散货码头的建设进度。搞好各开发区、工业港区大型企业专用码头和园区公用专业码头的建设。镇江港岸线资源比较丰富,开发中应注意岸线资源的合理使用,加强对岸线的规划控制,合理划分好企业码头岸线和公用码头岸线。

(三) 南通港

南通港地处长江口段北岸,通江达海,地理位置优越。一是为南通市和苏北地区内外贸运输服务;二是为长江中上游大宗散货中转和外贸进出口运输服务。作为集装箱运输的支线港和长江口北岸的重要物流基地,随着沟通南北的苏通大桥、崇明越江通道的建设,江南的交通条件将得到根本性改善。南通港将发展成为以能源、原材料等大宗散货中转运输为主、内外贸结合、货物流通和工业开发并举的多功能、综合性港口。

南通港由沿江港区和沿海港区两部分组成,形成南通、狼山、江海、通海、如皋、天生、任港、富民、洋口、吕四"一港十区"的发展格局。狼山港区是南通港近期发展的重点,通过对现有泊位的技术改造,调整功能和扩大通过能力。

建设重点：一是狼山港区三期集装箱码头以及天生港区、如皋港区和江海港区的煤炭、件杂、石化等专用码头；二是筹建洋口港区大型专业码头。

（四）舟山港

舟山港地处黄金水道——长江入海口和南北海运大通道的交汇处，区位优势明显，深水资源富集，建港条件得天独厚，近年来发展迅速。在全国港口布局规划中虽然没能作为主枢纽港，但作为石油、铁矿石等大宗散货的大型深水接卸中转基地，在长江三角洲乃至长江流域中的作用日益重要，发展潜力巨大。目前舟山港开发比较分散，主要由各企业分散建设各自的专业化转运码头。由于受土地、水资源、城市依托较弱和对外交通的制约对地区经济带动作用有待进一步增强。

主要任务包括：一是加快连东方大通道的前期论证工作，密切与上海的陆路交通联系；二是进一步增加石油、铁矿石等大宗散货的接卸中转能力；三是搞好深水岸线资源的统一发展规划，与上海、宁波合作，加快洋山港区、金塘港区以及南部吞山、老塘山、六横港区的联合开发，逐步形成和完善重要枢纽港的功能。

四、地方性港口

地方性港口虽然对周边地区经济社会发展和内外贸物资交流具有一定的辐射作用，但主要是为地区经济发展及对外开放服务。目前主要有江苏的扬州港、泰州港、无锡港、常州港和浙江的嘉兴港。

近年来，由于当地经济的快速发展，港口发展势头强劲，有的已形成两三万吨的大型港口。为了更好地满足腹地社会经济发展对港口的需求，主要任务一是加快建设，如扬州港的江都和六圩港区、泰州港的港区、无锡港的江阴港区、常州港的港区、嘉兴港的港区，进一步提高吞吐能力；二是搞好港口发展的总体规划，注意与周边港口的协调分工，防止盲目和重复建设，避免过度竞争；三是提高经营管理水平作业效率和服务质量。

第三节 上海国际航运中心物流网络体系构建

一、上海国际航运中心物流网络体系构建

通过政府扶持、金融融资、企业间合作与并购整合等多种方式,长三角培育立足上海辐射区域的专业化、网络型物流地产龙头企业。加强其间的合作,迅速、高效地逐步完成上海航运中心区域性、全国性以及全球化物流网络的布局建设。

一是以物流地产规模化与网络化促进物流网络构建。物流地产规模化与网络化的建设布局,使得客户借助物流地产商构建的全球化网络,能迅速地实现货物全球范围内的高效流通,短时间内满足企业市场不断扩大的需要。因此,与物流地产商合作可以迅速、高效地扩大上海国际航运中心物流网络的规模,在提供给客户优质、高效、完善的物流服务的同时,吸引更多的企业进驻,达到双赢局面。

在业务快速扩张战略的实施过程中,若要依靠企业自己的原始积累逐渐发展,仅仅是在最短的时间内取得市场份额是十分困难的。物流地产商凭借雄厚的资金实力和丰富的专业经验,根据社会发展的需求,在全球范围内选择合适的地点,并投资建设高效、优质、完善的相关物流设施,在一定范围内形成一个具有战略高度的大型物流设施及其网络,再将此物流设施转租给相关物流业务需求的客户,并由物流地产投资商专业管理队伍提供相关物业管理服务的物流活动。

物流地产规模化与网络化建设布局带来的双赢局面:一是客户企业可以依靠物流地产力量,克服资金短缺和物流设施管理不善的不足,以获得物流产业的规模化、网络化和协同作用,满足企业市场不断扩大的需要。二是物流地产的规模化与网络化的建设布局以及高效、优质、完善的物流服务,使得物流地产企业得以"一呼百应",与世界大型企业建立长期良好的合作关系,达到双赢的局面。

例如，美国物流地产业大亨普洛斯在全球范围内拥有、开发并管理物流配送设施超过5000万平方米，总资产约400亿美元，服务超过4900个全球客户，其中460多家名列世界1000强企业，如此庞大的网络系统，能够帮助客户实现全球内的流通，与此同时还能吸引更多的企业选择普洛斯，并与其建立长期良好的合作关系。

因此，与物流地产商合作可以迅速、高效地扩大上海国际航运中心物流网络的规模，在提供给客户优质、高效、完善的物流服务的同时，吸引更多的企业进驻，达到双赢局面。

二是重视培育本地专业化的、大型的物流地产龙头企业。国内物流地产行业目前除外资企业外，尚没有专业的、大型的国内物流地产龙头企业，很多从事物流地产的国内企业由于缺乏专业化的团队、缺乏资金实力以及管理水平有限等问题从而不能进行大规模的物流网络建设。因此，应培养建设上海本地专业化的、大型的物流地产龙头企业，支持上海国际航运中心物流网络的规模化发展。

我国物流地产发展比较缓慢，很多从事物流地产的企业缺乏资金实力、管理水平有限等问题导致已建成的物流地产一般规模较小，开发地域分散，呈点状布局，远未形成一定规模的物流地产网络，而且高标准物业匮乏，专业化管理水平低，设施陈旧，多适用于低层次的仓储管理，这与外资物流地产企业相比还存在很大的差距。

因此，从总体上来说，国内还非常缺乏专业的物流地产商和成形的物流地产市场，与外资企业相比，本土物流地产企业还明显缺乏市场竞争优势，在一定的程度上不利于我国物流地产长远的发展的，应培养建设上海本地专业化的、大型的物流地产龙头企业，支持上海国际航运中心物流网络的规模化发展。

三是借助金融中心优势提供物流网络建设保障。规模化、网络化的发展模式决定了物流地产的发展必须以雄厚的资金实力作为保证。作为全国的金融中心以及综合运输网络的枢纽节点，上海在物流地产方面已有一定基础，并有能力通过政策扶持、金融融资、企业间合作及并购等方式，培养并扶持国内专业的、大型的物流地产龙头企业，为上海国际航运中心的全球化网络构建提供帮助。

物流地产经营具有物流地产一般经营模式为持有经营获利，即通过租赁的方式获取回报，资金周转速度较低；物流地产也不同于商业与住宅地产，其投资回报期长，投资回报率较低；物流地产若想在市场上具备一定的竞争实力，必须规模化网络化发展，上述物流地产的属性决定了发展物流地产必须具有雄厚的资金实力，且资金取得的成本较低等特点，因此作为目前中国大陆沿海最大的国际通航港口，上海是中国远洋运输、沿海运输、长江运输以及综合物流运输网络的重要枢纽，本地物流地产已有一定基础，并且作为我国的金融中心，在物流金融方面的操作同样经验丰富。上海有能力通过政策扶持、金融融资、企业间合作及并购等方式，培养并扶持上海本地专业化的、网络型的物流地产龙头企业，为上海国际航运中心的全球化网络构建提供帮助。

二、上海国际航运中心物流信息网络建设

上海国际航运中心以港航 EDI 信息系统为技术支持，升级建设集装箱多式联运电子数据交换中心，在原有系统主要承担外贸集装箱业务信息处理工作的基础上，大力发展国内集装箱多式联运的无纸化单证传输及其他数据交换业务，完善上海国际航运中心的信息服务功能。

一是作为一种先进运输组织模式，我国东部沿海地区国际与国内集装箱多式联运近年来都得到了高速的发展。

未来高效运输系统的发展方向是综合运输系统，其核心特征是不同运输方式间的有效衔接与一体化，而实现这种衔接与一体化的表现形式就是集装箱多式联运。作为一种先进的运输组织形式，集装箱多式联运全程使用一份联运单据，省去多次制单的麻烦，并充分发挥联运链条上不同运输方式的内在优势，实现了运输产品的完整性和高效率。

随着近年来国内经济的发展与外贸经济的繁荣，东部沿海地区的国际、国内集装箱多式联运都获得了高速的发展，集装箱运输企业的角色也逐步

由分段运输承运人向多式联运经营人转变,并通过多式联运体系实现"门到门"服务来更好地为货主提供经济、合理、迅速、安全和简捷的运输服务。

二是作为 EDI 系统与传统运单相结合的产物,集装箱多式联运无纸化电子运单的高效使用,有助于简化手续办理的流程、加快单证运转速度以及加强运输单证的安全性,从而提高贸易流通效率。

集装箱多式联运 EDI 系统的出现为集装箱多式联运通道内的信息传递提供了良好的平台,促进了集装箱多式联运通道的发展。作为 EDI 系统与传统纸质运单的结合产物,集装箱多式联运电子运单具有以下一些显著的优点：一是纸质提单的流转会产生高额的成本。据联合国统计,国际间全年的贸易总额约为 6 万亿美元,而其中的约 7%(约 4200 亿美元)被用于制作、管理、寄送和处理各种贸易的纸质单证。二是电子提单可简化许多重复和烦琐的手续,提高提单签发的速度,提高工作效率,增强企业竞争能力。而且电子提单可避免纸张单证分次、分散缮打时发生不一致的错误,即便有错误也可以立即由单据的签发方通过电子数据交换进行更正,减少拒付事件。三是使用纸质提单常常是货物已达目的港,但是提单还没有到达有权提货的提单受让人手中,致使提单受让人无法凭提单提货,并由此产生了无单放货。四是安全性角度来看,电子提单的收发不存在先天的风险,且有自己的确定程序,完全可以通过技术手段防范提单欺诈。

虽然电子提单与纸面提单相比较存在较多优势,例如极大地节约人力成本,加快提单流转的速度,利用加密技术来保证提单的真实性有效杜绝各种诈骗活动等,但电子提单完全取代传统的纸面提单制度仍然存在许多法律制度问题,例如：证据效力问题、质押问题等亟待完善。

三是国内集装箱运输业务正处于高速发展阶段,而通过 EDI 系统进行数据处理的比例却较少,这一方面导致了国内集装箱业务整体流通效率的低下及国内业务信息统计缺失所造成的信息反馈应用方面的不足,另一方面由于丧失大部分国内业务而造成了 EDI 系统利用率的低下,因此应大力发展国内集装箱多式联运无纸化单证传输及其他数据交换业务,完善国际航运中心的服务功能。

EDI 系统是重要的物流数据交换、处理与统计的平台,是港口及其码头、船公司、货代企业之间的联系纽带。我国 EDI 系统的发展还处于初步阶段,EDI 服务中心以及 EDI 企业用户的普及程度远不及欧美发达国家,这主要是由于国内 EDI 系统的推广遇到了一定的难题,很多企业都不愿意投入资金去尝试一种还未广泛推广的系统。

总体来看,我国 EDI 系统的服务对象主要是国际集装箱多式联运业务,而国内集装箱运输通过 EDI 系统进行业务信息处理的比例较少。这一方面导致了正处于高速增长阶段的国内集装箱多式联运业务无法摆脱成本高昂、手续烦琐以及单证流转效率低下等难题。另一方面 EDI 系统的重要性还体现在对业务信息的处理统计与反馈应用方面,国内业务信息统计的缺失不利于国内集装箱多式联运体系的发展,也造成了 EDI 系统利用率的不足。因此,在兼顾国际集装箱业务的同时,上海应大力发展国内集装箱多式联运无纸化单证传输及其他数据交换业务。

四是作为水路、铁路、公路综合交通网络的枢纽节点,上海更方便并适合完成集装箱多式联运电子数据交换中心的升级建设任务,完善国际航运中心的服务功能,实现国内集装箱多式联运无纸化单证传输及其他数据交换业务的快速发展。

上海是目前中国大陆沿海最大的国际通航港口,是中国远洋运输、沿海运输、长江运输以及水路、铁路、公路综合运输网的重要枢纽,也是我国集装箱多式联运体系中其他交通方式与水运两者进行分段运输衔接的重要节点,大量的业务数据交换会在此产生,再加上原有的上海港航 EDI 系统提供的平台基础,上海更方便并适合完成集装箱多式联运电子数据交换中心的升级建设任务,完善国际航运中心的服务功能,实现国内集装箱多式联运无纸化单证传输及其他数据交换业务的快速发展。

第四节　上海国际航运中心区内物流体系建设

在建设上海国际航运中心中，除进一步优化上海港口物流服务体系之外，也需要打造现代化、服务化的区内物流系统，即在上海内，按照各自技术经济特征，进一步形成分工协作、有机结合、联结贯通的交通运输综合体。建设物流系统，必须按照服务高质量、运输高效率和经济社会高效益的原则进行，在交通建设上做到统筹规划、布局合理；在运输设备配置上做到相互衔接、成龙配套；在组织管理上做到协调高效、优势互补。

一、上海国际航运中心区内物流体系改善建议

（一）上海区内货运物流问题分析

概括来说，目前上海区内以公路（重卡）为主的货运物流体系面临的问题可以归纳为集装箱运量快速增长的交通压力、土地资源紧缺、能源紧缺、环境污染等问题。

1. 集装箱运量快速增长的交通压力

由于上海港腹地——长江三角洲地区的经济和外向型经济的快速发展，上海港集装箱吞吐量有很大的发展潜力，其生成的集装箱量增长迅速。2020年上海港口集装箱吞吐量为3600万—3800万TEU，集疏运压力巨大。

目前上海外环隧道已面临着严重的集装箱运输的压力，随着洋山港的开港，上海港口的航线航班逐渐外移，城市外围道路将越来越难以负荷上海港激增的集装箱运输需求。同时由于上海的两个主要集装箱港区外高桥港区和洋山港区分布在上海市的东部，其腹地上海市、浙江、江苏都在上海市西部。由此造成货物东西向的大流动，例如连接沿江集装箱货运组合站和外高桥保税园区的北部物流通道，随着上海城市化进程的不断加深，集装箱运输对城市道路产生越来越大的负面影响，集装箱运输与城市日常交通互相干扰，将极大阻碍上海城市和货运物流体系的可持续发展。

2. 土地资源紧缺

上海集装箱物流面临着空间资源短缺的制约。上海是我国土地与交通发展矛盾比较突出的地区。上海市域交通用地比例达到14%,已接近国外发达国家大都市水平。处理好交通建设与用地的关系,是我国交通可持续发展的关键。

作为我国最发达的城市之一,随着城市化进程不断深入,上海的土地空间资源将愈加珍贵,例如上海市宝山新一轮规划发展就面临着与北部物流通道发展的土地资源矛盾,而外高桥港区空间资源也限制了其港区与相关保税园区进一步发展。交通土地空间资源和港口空间资源的短缺将严重制约着以集卡车为主的集装箱物流系统拓展。

3. 能源紧缺

中国交通需求快速增长是造成燃油快速增加的主要原因,《中国中长期能源战略》预测,未来15年内预计原油需求将以4%左右的速度增加;同期国内石油产量增长速度却只有2%左右。不断扩张的交通燃油需求与原油供给之间的矛盾,决定了以集卡车为主的集装箱物流体系并非可持续的发展方向。

4. 环境污染问题

中国是当前世界上空气质量最糟糕的国家之一,我国多年来时有爆发的大范围长时间雾霾天气已经给我们敲响警钟。从环境角度来看,重卡虽然所占机动车的数量不多,却是污染主要来源,在2002年美国四种交通方式中,重卡的NOX和PM 10排放分别占65.6%和63.5%。在6个城市统计中,分别占49%和31%以上。环境制约决定了以集卡车为主的集装箱物流体系并非可持续的发展方向。

(二) 解决方法分析

面对如此快速增长的集装箱运输,今后上海市以卡车为主的集装箱物流系统如何提高其运输能力来承担上海港腹地集装箱量,从世界范围来看,归纳起来有如下两个思路:一是拓展现有交通运输系统。如更新和扩大港口码头基础设施,修建新的铁路、公路和水运线路等,或通过技术的改进使用更大的运载工具,如更长的集卡、加长的货车、更大驳船、双层集装车等,或进行交通空间与时间的重组(如 24 小时运输、客运与货运分离、发掘地下运输空间)来完成等;二是发展新运输方式。旨在"基于自动运输技术,与客运分离"的核心思想指导下进行技术革命,产生新交通运输方式。如欧洲与美国正在发展的自动卡车运输系统、美国新泽西理工学院提出的架空运输方式等。上海应对区内货运物流体系问题有以下几种可行性方案:

第一,向更外围区域搬迁或转移现有物流货站,重新考虑外高桥港区选址。即使物流货站可以转移搬迁,但是物流通道始终存在,土地资源压力、交通压力不能得到根本缓解。同时外高桥港区作用重大,不能关闭或撤销,同时其空间无法进一步拓展,因此这个方案无法解决现有问题。

第二,将外高桥港区出入口延伸与外围园区或货运搬运站连接,采用地面轨道交通或独立货运公路解决通道货运集装箱运输。转向铁路寻求解决方案拓展了现有交通运输系统,可以解决目前上海市货运集疏运体系结构失衡的问题,通过建立空间独立的物流货运通道可以同时解决港区和物流园区、节点的货运问题,同时可以减少货运运输对于城市日常交通的影响。

但是从长远的观点来看,对现有交通运输系统的扩展不可能满足未来集装箱快速增长的需要,也不是一种可持续的增长方式。以道路为例,根据 Downs 定律,道路交通的设施建设将会诱发潜在的交通需求,而这部分潜在的交通需求将很快占有新增的道路空间,抵消供给增长的作用。

而修建铁路,首先是其庞大的用地面积将会加剧土地资源紧张局面,同时考虑到铁路对于公路货运竞争力的问题,即使铁路货运可以转移掉 20% 的现有公路货运量(即在不考虑水路运输情况下,上海市货运结构比例达到类似鹿特丹的理想比例,其已经是铁路货运的极限负荷),仍然只缓解了目前公路货运 20% 的压力,不能从根本上解决集装箱运量快速增长的自身压力和其对城市日常交通的不良影响。

第三,将外高桥港区出入口延伸与外围园区或货运搬运站连接,将自动运输技术与地下隧道或管道相结合,采用地下集装箱运输系统解决通道货运集装箱运输。该观点通过建立空间独立的物流货运通道可以同时解决港区和物流园区、节点的货运问题，同时可以减少货运运输对于城市日常交通的影响。同时发掘地下空间可以缓解目前城市紧张的用地局面，虽然地下工程造价高昂，施工困难性较大，但是考虑到节省的土地资源，仍然具有很高的可行性。采用自动运输方式，符合高效、低成本（节地节能）、环境友好等可持续发展原则。

（三）国际经验借鉴

理论可行性研究方面，美国得克萨斯州运输研究所、得克萨斯A&M大学、货运管道输送技术公司，以及荷兰代尔夫特理工大学、德国波鸿—鲁尔大学、比利时安特卫普大学和日本等国家的相关科研机构等都不约而同提出并进行了利用地下物流系统运输集装箱的探索和研究。并分别对美国得克萨斯港、纽约港、德国汉堡港、比利时安特卫普和日本东京港等相关港口进行了可行性分析。

1. 德国的地下集装箱运输研究

德国波鸿—鲁尔大学提出"地下运输和供应系统"，作为未来德国的第五类运输系统。该系统管道直径为1.6米，利用欧洲的货盘作为运输的标准，以便于传统的运输系统相协调。每个Cap单元能运输2个标准的欧洲货盘。根据目前研究，不需要任何的转运和重新包装，约有2/3的德国货物可直接适合该系统运输。

在此基础上，2005年Dietrich Stein教授开始探讨利用该系统在港口和内陆之间运输集装箱、swap bodies、semi-trailers的可行性。其集装箱运载工具仍采用CargoCap的技术，但其尺寸等参数不同；集装箱运载工具是自动的，4个轴，最高速度可达到80千米/小时，能够进行编组，每组是34个运载工具，总长度是750米。

2. 美国利用气动舱体（PCP）技术集疏纽约港口集装箱可行性研究

美国的Henry Liu教授对利用PCP技术集疏纽约港和临近的新泽西港口集装箱的可行性进行了系统研究。该系统需要利用大直径的隧道或导管。在纽约港口附近或城市地区,特别是穿过哈得孙河或纽约的港口时,需要一个在水下 100 到 150 英尺的圆形隧道。当隧道延伸到郊区,可以采用掘开式,在地下 5 英尺,并改用方形隧道。采用吹风动力系统每年可运输约 150 万 TEU。如果利用线性马达替代吹风动力,其运输效率将是吹风动力运输效率的 5 倍,每年将能运输 760 万 TEU。

经计算,隧道与导管的建设费用为 20.01 亿美元,每年的运行维护费用为 3.12 亿美元。系统寿命按 30 年计算(最保守估计),运输每个 TEU 的成本是 17.2 美元。参考卡车运价,每个 TEU 按 30 美元收费计算,按最大运输能力,每年净收入 2.86 亿美元。

3. 日本东京地下集装箱运输研究

2006 年 2 月,东京都市区政府批准了"一体化物流愿景",该规划提出应研究有效利用深层地下空间。为此,东京提出了在地下 40 米以下建设宏伟的地下集装箱运输系统的一个计划,以满足东京集装箱货运量的增长。在"一体化物流愿景"中,重点研究了东京西南地区建设地下集装箱运输的可能性,在港口与物流园区之间创造更有效的方式。其地下配送系统的目标是:通过建设地下配送系统,确保可靠的运行,减小环境压力,消除港口周围的交通拥堵;改善工作条件,减小交通事故的发生;减少二氧化碳的排放,高效利用港口的土地,改善港口地区的景观。

其基本要求是:(1)可以运输 20 英尺的标准集装箱;(2)地下运输系统是无人驾驶的;(3)地下隧道将在地下 40 米或更深的层面上;(4)中间将一条快速路会合;(5)隧道有一个圆断面,其多余部分安排其他设施。

为此,考虑了三种运输方式:(1)铁路:铁路每千米吨的能耗仅为私人卡车的 1/17,而二氧化碳排放量是私人卡车的 1/35,与集卡相比,铁路将极大减少环境的负担。(2)其他运载工具:运载工具通过电力供应或蓄电池,同样无人驾驶,将不会产生废气并改善安全性。(3)舱体运输:舱体运输将有很小的摩擦,证明它的优越性,特别适合在地下深层和长距离的运输。

根据概括研究认为,该地下线路具有很大的可行性,并符合《大深度地下空间法》要求。目前该项目在日本 Keirin 协会资助下正在进一步的研究,评估它的经济影响、规划线路物物流量、新的配送系统和可能的法律方面的调整。根据附加的工作,可能需要相关一系列设施的研究,如信息设施、能够对大型灾害作出反应。

4. 中国上海地下集装箱运输系统研究

同济大学郭东军在分析地下集装箱运输系统动因的基础上,研究了上海发展地下集装箱运输系统的可能性和经济性,提出了可能线路,并以洋山港与芦潮港物流园区之间通道为例,完成了两种不同隧道直径的地下集中向运输系统的工程可行性和经济性分析,并与卡车集疏运系统的对比研究,认为采用地下集装箱运输系统具有工程可行性,同时在经济可行性方面,利用地下集装箱运输系统的假设方案的直接成本低于集卡运输直接成本,并可节省多种外部成本。即使地下工程具有相当大的工程难度和较高的工程造价,考虑到其节约的土地资源、能源和环境等外部成本,仍然具有经济可行性。

研究的主要结论是:一是应采用新的物流方式适应世界集装箱运量的快速增长,地下集装箱运输系统是可供选择的系统之一。二是从运输适用距离等方面综合对比和评价,地下集装箱运输系统应重点考虑自动卡车、自动机车、管道/舱体技术以及磁浮技术作为基础技术。三是上海地下集装箱运输系统的四条可能线路:洋山港至芦潮港物流园区、洋山港内部,北部物流园区与前方集装箱港区,上海主要物流园区之间,洋山港与外高桥港区之间。四是根据建设两个 5 米(方案一)或一个 10 米直径的隧道(方案二)假设,分析了洋山港与芦潮港物流园区线路的经济性,得出了其静态成本及回收期计算结果,利用净现值(NPV)和内部收益率(IRR)作为评价指标对上述两个方案进行动态分析,两个方案皆具有经济上的可行性。五是通过与采用集卡方式的直接成本进行计算比较,两个利用地下集装箱运输系统的假设方案的直接成本,都低于集卡运输直接成本。并且计算了地下集装箱运输系统可节省的外部成本:能耗费用、路面破坏、碰撞、拥堵、空气污染等。

因此,作为世界排名第一,并具很强的增长潜力的上海集装箱港,研究利用地下集装箱运输系统进行集疏运的可能性，具有较强前瞻性和重要意义；并且已经具备一定的理论和实践研究基础，具有相当的技术可行性和经济可行性。

二、上海国际航运中心航空物流体系改善建议

(一) 浦东机场航空货运现状问题分析

自浦东国际机场投入运营以来，其航空货运吞吐量发展迅猛，增长速度大大高于全国机场的年均增长速度，同时国际排名也迅速上升到全球第三位。尽管市场份额不断提高，但面临建设国际航空枢纽的重要战略任务，有研究指出，浦东国际机场在航空货运方面仍存在诸如全货机载货业务有待加强、中转货物比例亟须提升、航空货物集散方式缺少多样性、由航空货运带来的非航空性收入有待开发等问题。

其中，关于航空货物集散方式缺少多样性问题，浦东国际机场的直达货物基本都依靠公路进行集散，方式相对单一、通道相对固定。在目前主要的货运集散通道中，由于申嘉湖高速需要收费，货运车辆主要选择外环线进出机场工作区。而随着上海市城市化进程的不断加快，外环线除了承担浦东机场、外高桥集装箱港区和洋山深水港区的货运通道功能外，也承担了较多城市道路功能，严重影响了航空运输货物对于时间和效率的高要求，同时越来越多的航空运输货物的运输，也对外环线的城市日常交通产生负面影响，干扰了城市正常交通运作。因此，有必要利用浦东机场的地理优势，参考其他货运枢纽机场的模式，采用更多方式联合解决集散问题。

(二) 枢纽机场航空货运组织经验——日本成田国际机场原木物流园区建设

成田国际机场位于日本关东地区，是日本重要的国际航空港。自1978年5月通航以来，成田机场一直是日本的空中交通中心，也是日本经济增长的一个主要促进因素。但是，特别是从20世纪80年代后半期开始，成田国

际机场的航空货邮吞吐量迅猛增长,航空货运设施逐渐处于过饱和状态,机场货运区的交通阻塞现象也十分严重。为有效解决这一问题,成田国际机场管理当局采取了一系列改善措施,其中包括修建原木物流园区。

原木物流园区是日本著名的四个物流园区之一,通过原木物流园区的整合,每天进出成田机场的车辆从原来的4000辆下降到300辆。原木物流园区提供和机场类似的监管仓库和物流设施,设有地区海关,并提供监管运输。货主和承运人可以自由选择在原木或成田机场通关。日本成田机场管理局事实上拥有园区内部的主要物流设施(如货站、货物大楼和仓库等),拥有专营权的日航、国际航空物流货站公司(IACT)负责向航空公司提供服务。作为回报,日航和IACT每年必须向机场当局缴纳专营费。这一费用和其他设施出租的费用占成田机场收入的31%。

然而,由于原木物流园区增加了航空运输货物从卸货至一级运营商和保税物流园区的运输环节,且距离成田国际机场相对较远,因此运输成本有所上升。自1996年废除航空运输货物须在成田国际机场及原木物流园区两处办理清关手续的制度后,货运代理商为节约成本搬至机场周围,导致该园区航空货物的处理量下降,至2003年被迫关闭运营。

尽管原木物流园区的建设以失败告终,但其提供的增加货物运输集散点,将货运车辆"化零为整"的运营方式在实际应用中有很高的参考价值。

(三)浦东机场航空货运集散优化建议——建立服务于机场货运的综合性物流园区

浦东机场借鉴原木物流园区建设经验,在施湾镇建立具有整合服务功能的综合性物流园区,提高航空货运集散效率,缓解机场周边道路交通压力。同时,还应改善机场周边道路,以应对未来将不断增长的交通需求。

通过在浦东机场周边设立服务于机场货运的综合性物流园区,由机场当局运营或委托具有专营权的货运代理商代为经营。通过该综合性物流园区,可实现对下一级货运代理商代理货物的打包、封装和仓储等功能,进而通过统一车型的货运车辆将其运送到机场工作区,即通过整合通往机场的货运散运车辆,提高浦东机场航空货运集散效率。同时可以缓解由于目前浦东机场周边货运代理公司呈现数量众多、经营场地集中且其各自所使用的货运车辆车型不统一、满载率不高导致的机场周边道路交通压力。

具体选址原因考虑到,由于浦东国际机场地理区位,目前暂无港口和铁路直接与机场相连,因此,机场航空货物的集散主要依靠公路运输。通过分析发现外高桥保税区、松江出口加工区、江苏地区是浦东国际机场货运车辆的主要汇集点,此外还有部分车辆分布于临港新城、漕河泾开发区、嘉定等区域。其中,91%的货运车辆通过外环线进入浦东机场,施湾镇地处外环线与浦东机场连接地带,货运车辆可以通过施新路、航城路即可与河滨西路相连并进入机场工作区,因此运输成本较低,且具有充足的可开发土地资源。因此是服务于浦东机场航空货运集散的综合型物流园区的理想选址。

第五节 上海国际航运中心的物流体系发展建议

一、加强国际航运中心政策与制度建设

上海国际航运中心建设应该在国家层面研究出台支持国际航运综合试验区发展的优惠政策,减轻航运企业负担,降低航运服务综合费用,提高国际航运中心吸引力与竞争力。在长三角区域层面加强协调,促进保税区与保税港区的协调发展,提高口岸通关效率,通过信息化等多种手段减低口岸商务成本。

二、利用上海国际金融中心的优势发展航运与金融物流

发展航运与金融物流,不仅有利于提升上海在长三角区域内的物流服务集聚与辐射能力,而且还能强化上海国际金融与航运中心优势的相互促进发展,也将同时带动国际贸易和先进制造业的发展。上海应鼓励发展仓单质押融资,完善期货保税交割等金融业务,扩大航运业的融资租赁业务;鼓励有实力的船舶融资和航运保险公司通过资本市场直接融资;积极发展

航运交易市场，吸引国际航运金融机构集聚；研究开发航运金融产品与相关金融服务，使上海成为区域国际航运金融中心。

三、加强信息化建设实现多种运输方式的有效衔接

信息化建设在上海国际航运中心物流体系建设中具有重要地位。上海应该以上海港航 EDI 信息系统为技术支持，升级建设集装箱多式联运电子数据交换中心，在原有系统主要承担外贸集装箱业务信息处理工作的基础上，大力发展国内集装箱多式联运的无纸化单证传输及其他数据交换业务，完善上海国际航运中心的信息服务功能，提高国际航运物流国内段的运输效率。

四、加速培养复合型的国际化高端航运服务人才

高端航运服务业是人才密集型行业，其核心是专业人才，主要体现在航运金融、航运法律、船舶评估、航运咨询和航运信息服务等领域。上海国际航运中心要发展高端航运服务业，在积极吸引国际人才的同时，还需采用多种方式加速培养复合型的高端国际航运服务人才，可行方案例如：(1)鼓励国内大学与国际知名航运大学联合培养专业研究生；(2)邀请新加坡、我国香港等相关领域专家来内地进行培训和指导工作；(3)邀请国外相关航运服务专业公司来上海设立分支机构；(4)鼓励国内相关专业跨学科交叉培养人才；(5)鼓励已有一定经验业内人员再学习适应航运高端服务发展需要的知识与技能。

第五章　上海国际航运中心集疏运体系建设

集疏运体系是港口赖以生存和发展的重要硬件基础，与港口服务业一起成为航运中心建设的重要支柱。集疏运体系作为连接港口与腹地的"大动脉"，成为国际航运中心建设的重要组成部分。长三角区域合理规划港口运输方式，在各类港口与腹地找到最优运输路径，是上海国际航运中心建设的重要内容。

第一节　上海国际航运中心集疏运体系发展现状

在构建现代化综合交通运输体系的思想指导下，长三角地区的交通运输业的发展不断加快，集疏运体系不断完善。长三角地区公路总里程达到29万千米，占全国公路里程的6.34%；其中高速公路达到9281千米，占全国总里程的8.6%。内河航道总里程为9667千米，占全国总里程的29.67%；长三角港口吞吐量为44.3亿吨，实现国内港口吞吐总量的47.3%。

一、公路系统

截至2015年底，长三角公路里程达290015千米，其中江苏158805千米、浙江118015千米、上海13195千米。其中上海市公路路网密度达到208.12千米/百平方千米。其中，高速公路里程为825千米，占公路总里程的6.25%。普通国省干线公路中，二级及二级以上公路里程比例为

95.59%。上海市先后建成开通了 G40 沪陕（长江隧桥）、S32 申嘉湖、G1501 东段等 5 条（段）高速公路，改建 G312（曹安公路）、浦星公路、沪太公路等普通干线公路共 67.96 千米。目前，上海市公路出省通道已达到 31 处共 122 个车道。以"两环、九射、一纵、一横、两联"为特征的路网格局基本形成。对外连接的主要国家级高速公路和国道如表 5-1 所示。

表 5-1 上海市对外连接的主要道路列表

名称	方向	名称	方向
国家级高速公路		G318 上海—樟木	前往西藏
G2 京沪	前往北京	G320 上海—瑞丽	前往云南
G15 沈海	沈阳至海口	主要省级高速公路	
G40 沪陕	前往西安	S1 迎宾	前往浦东国际机场
G42 沪蓉	前往成都	S2 沪芦	经东海大桥至洋山港
G50 沪渝	前往重庆	S4 沪金	至市郊金山区
G60 沪昆	前往昆明	S5 沪嘉	至市郊嘉定区
G92 杭州湾环线	前往宁波	S19 新卫	至市郊金山区
国道		S26 苏沪	前往江苏苏州
G204 上海—烟台	前往山东烟台	S32 申嘉湖	前往浙江湖州
G312 上海—伊宁	前往新疆伊宁	S36 亭枫	前往浙江省

高速公路电子不停车收费（ETC）系统建设也取得突破性进展，目前全路网共建成 ETC 车道 132 根，ETC 用户量已达到 12.4 万，日均使用量超过 8 万辆次，约占整个高速路网通行量的 12%。

此外，沿江通道越江隧道工程是沿江通道和上海绕城高速的共线段，将构建贯穿滨江沿海产业带的交通走廊，承担上海港疏港交通，服务于宝山新城、浦东新区的越江客运交通，引导城市用地功能布局的合理化发展。其规划范围西起宝山区郊环高速公路江杨北路交叉口，沿富锦路向东穿越同济路、牡丹江路、宝山新城 SB-A-4 编制单元后，转向南穿越长江大堤、宝山圈围地区、黄浦江（吴淞口），接浦东新区外环高速公路，全长约 11.5 千米。规划建设标准为高速公路，隧道段设计车速为 80km/h，接线段为 100km/h；越江隧道段为双向 6 车道（不设硬路肩），浦西接线段推荐为双向 8 车道。此外,考虑大型集卡的通行需求,最大纵坡不应超过3.5%,最大限制坡长为1000米,通行净高为5.0米。

"十二五"期间,上海公路全面服务郊区新城建设、促进城乡一体化,进一步优化路网运行效率。未来上海市将新建高速公路约200千米,以及国省干线公路约1000千米。其中高速公路建设重点不在"增量"的多少,而在于进一步优化路网运行效率。普通干线公路建设重点是打通瓶颈,实施近郊"强化+整合"、远郊"发展+引导"的区域化、差别化总体发展策略,形成一张与高速公路互补的普通干线公路网。

总体上来看,上海市的公路运输体系建设已较为完整,可扩展空间不大,重心应为逐步完善上海西北综合物流中心和上海南方综合物流中心功能。依据公路"三环十射"的网络建设,新建芦潮港、外高桥保税区、浦东机场、松江出口加工区等专业物流中心,提高对长江三角洲地区和各城市及其他地区的辐射强度。形成以港口为结点、多式联运为基础的现代物流网络体系。新建长江南路、五号沟等集装箱货运站。此外,为保障物流系统与城市交通系统的有效衔接,规划和建设嘉定、金山、宝山、奉贤、崇明、青浦等多个区域物流中心和城市物流配送中心。

二、铁路系统

长江三角洲及沿长江经济区包括了上海、浙江、江苏、安徽、江西、湖南、湖北、四川和重庆七省二市,铁路营业里程19754.7千米,占全国铁路营业里程的22.8%,铁路网密度133.1千米/万平方千米。经由本区的铁路除浙赣、襄渝、汉丹、武大、合九、西合等线外,主要为南北向铁路干线,主要通道能力紧张。浙江省沿海经济较为发达,但由于缺少横向联系,其经济再升级受到影响。区域内客运专线、城际轨道交通建设全面展开,宁杭、杭甬、汉宜客运专线以及沪宁、宁安城际轨道交通相继开工建设并部分建成通车。沪汉蓉铁路通道中的武合、合宁铁路建成运营,武广客运专线和东南沿海通道中的甬台温、温福铁路建设进展顺利并逐步建成。

未来长三角地区的铁路规划目标是以上海、南京、杭州、合肥为中心,覆盖长三角地区所有地级以上城市以及城镇,形成快捷、安全、高效的城际轨道交通网络,实现主要城市之间和相邻城市之间一至两小时的交通圈。新规划的城际轨道交通将以五条主轴为核心区,在外围修建连接的通道,新建城际铁路6850千米,利用区域内的在建的和已经形成的客运专线2600千米,以及其他的快速铁路990千米。总的路网规模将达到10400千米。这个路网规模形成以后,长三角路网密度将达到3.07千米每百平方千米。可以大大增强长江三角洲核心区域对外区域的交通辐射能力,畅通核心区域与外围区域的交通联系,加强区域中心城市对周边地区的辐射,提升区域中心城市的积聚功能。

具体到上海市的铁路规划建设目标,是重点建设沿江、沪乍、沪通两条铁路放射线,通过铁路放射线增强港口对南北两翼的辐射能力;结合京沪高速铁路的建设实现客货分离,缓解京沪通道铁路货物运输能力不足的问题,同时增强上海至北部地区和中部地区的辐射能力。规划和建设浦东铁路,加强铁路对港口的集疏能力及港口之间的联系,完善上海港口的整体功能;同时规划跨海铁路至洋山港区,并通过东海大桥与公路实现桥位整合。另外,还应结合客货分离的发展需要,加强铁路货运场站建设,配合浦东铁路和上海工业布局的调整,重点建设杨行(上海港)和平安(洋山港)的铁路结点站,调整桃浦站和北郊站的功能;改造新桥编组站,与南翔编组站形成"一主一辅"的格局。

三、水运系统

长三角区域目前拥有7个主要海港和20个内河港口,成为中国港口密度最大的地区之一。随着现代综合交通体系的不断完善和建设上海国际航运中心步伐的加快,长三角沿江沿海港口的结构和布局问题也日益凸现。例如,大、中、小泊位的比例失衡。在长三角沿江沿海的2000多个生产性泊位中,万吨以上泊位只占了20%。集装箱、矿石、煤炭等大型专业化的泊位缺乏,各类港口的布局和分工不合理,影响了长三角地区港口的整体效益。

上海港地处经济发达的长江三角洲,位于我国海岸线与长江"黄金水道"的交叉点,具有得天独厚的自然地理条件和经济区位优势,在我国经济社会发展和全球航运网络中具有重要的地位和作用,是我国最大的综合性港口。1995年12月,中央作出建设上海国际航运中心的战略决策,催生了上海港建设的新发展。1997年起,上海港投入数百亿巨资,加快外高桥新港区的建设,实施了外高桥一期码头集装箱化改造和二、三、四、五期工程建设。2005年12月10日,洋山深水港区的建成开港,不仅终结了上海港没有深水泊位的历史,更标志着上海国际透支建设迈出了重要的一步。2011年10月,集汽车滚装、集装箱、港口综合物流于一体的综合性港区——外高桥港区六期工程全面建成并正式投入使用,这是上海港创新驱动、转型发展的一次成功实践。2017年12月,洋山四期自动化码头开港试运行。采用全自动化集装箱码头建设方案标志中国港口行业在运行模式和技术应用上实现里程碑式跨越升级。

上海港由黄浦江、罗泾、外高桥、金山和洋山港组成。黄浦江港区承担水上客运和内贸集装箱以及为上海市生产、生活物资运输服务的功能。罗泾港区是以煤炭、矿石运输为主的大宗干散货专业港区。外高桥港区包括高桥嘴和五号沟,是以集装箱为主、兼顾部分杂货运输的港区。金山嘴港区是承担液体化工、液化气、散杂货运输和为临港工业服务为主。洋山港区是以接纳超大型集装箱船为主的集装箱专业港区。

根据上海城市和港口规划建设的实际及今后发展面临的新形势,在"十三五"期间,上海以东北亚国际集装箱港建设为重点,为2020年基本建成上海国际航运中心奠定坚实的基础。为此,将新建、改造以及港区功能调整相结合,继续加强港口基础设施建设。具体包括:一是加快洋山深水港区的建设,缓解集装箱吞吐能力供给不足与集装箱运输需求旺盛的矛盾,大幅度提高国际集装箱的处理能力。二是调整黄浦江港区的功能,适应腹地产业结构和港口运输结构的调整。三是加快能源码头的建设,大力发展LNG,以缓解电、煤紧缺的局面,适应上海未来能源调整的需要,并保障上海能源安全。

内河水运规划又可以分为高等级航道规划和内河航道规划两部分。其中高等级航道规划是以长江干线和京杭运河为核心,三级航道(航道尺度的最低标准为水深3.2米、底宽45米)为主体,四级航道(最低标准为水深2.5米、底宽40米)为补充,由23条航道组成长江三角洲地区"两纵六横"的高等级航道网。

其中,两纵是指京杭运河—杭甬运河(包含锡澄运河、丹金溧漕河、锡溧漕河、乍嘉苏线)、连申线(含杨林塘)。六横是指长江干线、淮河出海航道—盐河、通扬线、芜申线—苏申外港线(含苏申内港线)、长湖申线—黄浦江—大浦线、赵家沟—大芦线(含湖嘉申线)、钱塘江—杭申线(含杭平申线)。规划航道里程共约4200千米,占长江三角洲地区等级航道里程的33%,其中规划三线及以上航道3400千米,四级航道800千米,分别占规划航道里程的81%和19%。

上海市内河航道的规划目标为建立以"一环十射"为骨干航道的上海市内河航运网络,规划总里程404.6千米,充分发挥内河航运优势。其中,赵家沟、大芦线、大浦线、黄浦江、苏申外港线、苏申内港线、太浦河、杭申线、平申线等9条航道被列入长三角高等级航道网,组成长三角内河航运网络。

总之,目前上海市的公路运输体系较为完善,由于土地资源和其他条件的限制,可扩展空间不大;未来的建设重点应放在打通关键"点"上,例如沿江通道越江隧道的建设。对于铁路运输系统,客运系统发展较快且较为完善,但货运系统的运输能力不足,并且与港口和公路系统的联系和配合不够。未来建设应实现客货分离,提高货运能力,规划和建设浦东铁路及跨海铁路,加强铁路对港口的集疏能力和实现与公路的衔接。对于水运系统,上海市的内河航道等级低,难以与长江干线和京杭运河的高等级航道衔接贯通,形成"两纵六横"的高等级航道网。

第二节 上海国际航运中心集疏运体系建设基本思路

上海国际航运中心集疏运体系,要建立基本适应经济发展需要的沿江、沿海港口集疏运系统。主要围绕上海国际航运中心建设,形成以集装箱干线港为核心,支线港和喂给港相配套,层次分明,各种运输方式协调发展和有机衔接的集装箱运输系统。重点发展舟山、宁波、苏州太仓集装箱干线港,建设以接纳第三、第四代以上集装箱船的专用泊位为主,以近洋起步、逐步开辟远洋直达航线为目标,提供进出口集装箱直达服务和长江中上游内外贸集装箱中转服务;南京、南通、镇江和张家港作为承担腹地内部分近洋运输和长江内支线运输的主要支线港;江阴、常州、常熟、扬州和泰州等港口作为喂给港。此外,进一步加强长江沿线港口煤炭、矿石以及其他原材料和产成品码头建设,整合资源、适应市场、发挥优势、服务城市。

一、上海集疏运体系建设的基本思路

(一) 铁路规划建设

上海铁路要在南京方向(京沪、沪陕、沪蓉)、杭州方向(沪昆)等既有通道格局基础上,完善国家铁路干线和高速公路通道,拓展上海乃至长三角城市群与其他国家级城市群之间的联系通道,形成南京、杭州、南通、宁波、湖州等5个主要联系方向。贯通沿海大通道,向北规划公铁复合通道实现与环渤海经济区、京津冀城市群的高速联系,向南新增公铁复合通道实现与海西经济区、珠三角城市群的高速联系。辟建中部高速铁路通道连接线,构建服务苏浙皖、长江南翼及京福、京广走廊的沪苏湖铁路。围绕京沪(沪陕、沪蓉)沪宁段交通分流,预留上海经由长江口、联系江苏北翼、皖江经济带以及长江中上游的沿江高速铁路通道。

(二) 公路规划建设

加强公路规划以强化区域复合交通廊道支撑。构建以高速铁路、城际铁路和高速公路为骨干、多种方式综合支撑的区域城际交通网络,重点提升沪宁、沪杭、沿江、沪通、沪湖、沿湾、沪甬等7条区域综合运输走廊的服务效率、能级和安全可靠性。强化南北两翼对外通道,完善杭州湾、长江口地区的跨海、跨江公铁通道布局,实现与苏州、无锡、嘉兴、宁波、南通等城市之间

90分钟左右可达的目标。沪宁、沿江、沪通廊道,结合长江口区域交通一体化布局协调要求,研究控制沪宜高速公路东延伸和北沿江城际铁路的跨长江复合通道,增强与北沿江城市群的联系。加强协调高速公路、主要国省干线与跨界地区城镇空间布局的关系。沪甬、沿湾廊道,形成向南联系宁波市、洋山岛的多通道布局,研究控制沪甬公铁跨海通道、东海二桥等上海南翼跨杭州湾的对外通道,并将城际铁路引入南汇新城。

(三)内河水运规划建设

一是高等级航道规划。长三角高等级航道规划以长江干线和京杭运河为核心,三级航道(航道尺度的最低标准为水深3.2米、底宽45米)为主体,四级航道(最低标准为水深2.5米、底宽40米)为补充,由23条航道组成长江三角洲地区"两纵六横"高等级航道网。

二是内河航道规划。为了促进并适应内河集装箱运输发展的需要,将长江干线、京杭运河、杭申线、大浦线、大芦线、赵家沟、锡溧漕河、杨林塘、苏申内港线、苏申外港线、湖嘉申线和杭甬运河共12条航道规划为内河集装箱运输通道。

上海市内河航道规划方案为:建立以"一环十射"为骨干航道的上海市内河航运网络,规划总里程404.6千米,充分发挥内河航运优势。其中、赵家沟、大芦线、大浦线、黄浦江、苏申外港线、苏申内港线、太浦河、杭申线、平申线等9条航道,列入长三角高等级航道网,组成长三角内河航运网络。

二、江苏集疏运体系建设的基本思路

江苏省全面推进综合交通枢纽建设,加强运输通道、运输方式之间的衔接,重点突出南京、连云港、徐州三大国家级综合交通枢纽建设,加快推进一批省级综合枢纽建设。

(一)铁路规划建设

完善南京铁路枢纽,形成"干线汇集"的铁路环行枢纽;增强铁路对其他地区的联系。同时规划建设宁汉、宁杭、宁西、宁启铁路,预留宁连及宁宣铁路接口和通道,加强与其他地区的物资交流;对津浦、沪宁铁路实施电化改造,提高铁路的货运运输能力。

建设和完善现有南京长江大桥、上元门高速铁路过江隧道和大胜关铁路桥三个铁路过江通道,形成南京铁路绕行环线,同时结合公路过江桥位的规划,对大胜关铁路桥和公路新建过江三桥实施整合,统一桥位。

(二) 公路规划建设

依托"两环十二线"的高速公路网,完善王家湾区域物流中心的功能;公路过江通道。适应未来长江航运发展需要,对南京长江大桥进行扩容改造;与铁路统一建设过江桥梁。

(三) 内河水运规划建设

江苏省水运资源得天独厚的优势日益凸显,沿江沿海深水泊位390个,港口通过能力、港口货物吞吐量、万吨级以上泊位数、亿吨大港等四项指标均居全国第一。全省内河航道总里程居全国各省之首,内河高等级航道里程达到2047千米。

内河水运主要通过长江航道整治实现5万吨级海轮,重点发展集装箱支线港;完善以南京港为中心的物流园区建设;建成"两纵三横一网"干线航道网络,干线航道达标里程2100千米,达标率达到60%,三级以上航道通达全部省辖市。

三、浙江集疏运体系建设的基本思路

(一) 浙江省集疏运体系建设现状与问题

"十二五"期间,浙江初步形成以宁波、舟山港口一体化为中心,以嘉兴港(乍浦)为辅的布局,与洋山港联合互动的格局。宁波港新增货物吞吐能力1.4亿吨,相继建成了穿山码头、北仑港区煤炭及通用杂货泊位,大榭永信万吨级多用途码头工程已正式投产。随着海洋经济发展规划和浙江舟山群岛新区建设上升为国家战略,浙江省继续加大"港航强省"的实施力度,沿海四大港口货物吞吐量和集装箱吞吐量的年均增长幅度为4%—6%。

由于现行体制的条块分割以及缺乏统一性、系统性的规划,公路、水路、铁路和航空四种交通运输方式在发展上缺乏统一协调。浙江省集疏运体系存在的主要问题是:内河航道等级偏低,公用码头能力不足;铁路枢纽和机场枢纽难以适应日益增长的快速通达要求;分散化管理体制与构建综合交通趋势的不适应,导致城际城乡交通与城市交通不衔接、各种运输方式不衔接、城乡区域之间不衔接问题。

(二)浙江省集疏运体系建设的基本思路

全面提升以宁波—舟山港为核心的沿海港口群和杭嘉湖为核心的内河港口群在全国乃至世界港口中的地位和作用,为环杭州湾城市群发展提供支撑。

建设重点:以梅山、金塘、衢山等港区开发为重点,大力发展大型化、深水化、专业化公用码头,加快深水航道及锚地等配套基础设施建设。主要建设宁波—舟山港梅山、金塘港等大型集装箱码头,凉潭、鼠浪湖矿石中转码头,大榭、册子原油接卸码头,穿山、六横煤电二期和嘉兴港独山煤炭中转码头,独山粮食码头等项目。改造长湖申航道、湖嘉申航道二期、乍嘉苏航道,加强嘉兴、湖州内河港口建设。水运重点建杭甬运河宁波段三期工程,加强杭州、绍兴、宁波内河港口建设,增强杭甬运河通江达海的水运服务能力。

形成大吨位散货运输船舶、油品运输船舶和集装箱运输船舶占主导地位的运力结构,内河运输船舶实现标准化。内河运输船舶以发展500—1000吨级标准化船舶为重点,同时加大集装箱等专用船舶的发展力度,客船重点发展高档次旅游船舶。沿海运输船舶中散货船重点发展运输煤炭的大吨位船舶,矿砂船重点发展铁矿石海进江直达船舶,油船重点发展5万—10万吨级原油工程运输船和万吨级成品油船舶,散装化学品、液化气船舶重点发展与码头能力配套的较大型船舶,集装箱船舶重点发展适合沿海内支线和内贸线的运输船舶。客船重点发展适应陆岛、岛际运输的客滚船、高速客船,以及高档次旅游船。国际运输船舶中油船重点发展10万吨级以上船舶,矿砂船舶重点发展15万吨级以上船舶,散货船舶重点发展适应煤炭、粮食、化肥、木材等货种的运输船舶。积极扶持发展近、远洋集装箱运输船舶。

第三节 上海国际航运中心集疏运体系建设主要任务

一、加强国际航运中心政策与制度建设

上海国际航运中心建设应该在国家层面研究出台支持国际航运综合试验区发展的优惠政策,减轻航运企业负担,降低航运服务综合费用,提高国际航运中心吸引力与竞争力。在长三角区域层面加强协调,促进保税区与保税港区的协调发展,提高口岸通关效率,通过信息化等多种手段减低口岸商务成本。

二、利用上海国际金融中心的优势发展航运与金融物流

发展航运与金融物流,不仅有利于提升上海在长三角区域内的物流服务集聚与辐射能力,而且还能强化上海国际金融与航运中心优势的相互促进发展,也将同时带动国际贸易和先进制造业的发展。上海应鼓励发展仓单质押融资,完善期货保税交割等金融业务,扩大航运业的融资租赁业务;鼓励有实力的船舶融资和航运保险公司通过资本市场直接融资;积极发展航运交易市场,吸引国际航运金融机构集聚;研究开发航运金融产品与相关金融服务,使上海成为区域国际航运金融中心。

三、加强信息化建设实现多种运输方式的有效衔接

信息化建设在上海国际航运中心物流体系建设中具有重要地位。上海

应该以上海港航 EDI 信息系统为技术支持,升级建设集装箱多式联运电子数据交换中心,在原有系统主要承担外贸集装箱业务信息处理工作的基础上,大力发展国内集装箱多式联运的无纸化单证传输及其他数据交换业务,完善上海国际航运中心的信息服务功能,提高国际航运物流国内段的运输效率。

四、加速培养复合型的国际化高端航运服务人才

高端航运服务业是人才密集型行业,其核心是专业人才,主要体现在航运金融、航运法律、船舶评估、航运咨询和航运信息服务等领域。上海国际航运中心要发展高端航运服务业,在积极吸引国际人才的同时,还需采用多种方式加速培养复合型的高端国际航运服务人才,可行方案例如:(1)鼓励国内大学与国际知名航运大学联合培养专业研究生;(2)邀请新加坡、我国香港等相关领域专家来内地进行培训和指导工作;(3)邀请国外相关航运服务专业公司来上海设立分支机构;(4)鼓励国内相关专业跨学科交叉培养人才;(5)鼓励已有一定经验业内人员再学习适应航运高端服务发展需要的知识与技能。

五、加快航运中心集疏运一体化服务系统建设

航运集疏运系统建设不仅是港口和不同交通运输方式基础设施等硬件建设,更重要的是对其中各个环节高效衔接的一体化服务过程建设。香港之所以能在航运集装箱运输量大量外移到深圳之后,航运业产值仍然有所提升,主要是因为他们能为深圳等港口提供国际航运的一体化服务。目前,上海的航运服务企业总体服务类型单一,服务项目集中在中低端,企业服务网络化程序低,难以满意客户一体化服务需求。上海航运中心集疏运一体化服务系统建设应该重点加强不同物流环节和不同运输方式转换过程中信息流、货物流和资金流衔接,提高整个系统效率与服务,同时降低时间与费用成本。如优化集疏运路网和运输节点,将有利于提高道路运输效率,降低交通对环境的影响。

第四节　上海国际航运中心集疏运体系发展建议

完善上海国际航运中心的综合交通运输体系之关键在于调整上海港货物集疏运结构,适当降低公路运输的承担比例,提高内河水运和铁路运输的承担比例。这既是破解上海港集疏运瓶颈的关键,也是上海这座城市实现良好的港城互动的核心所在。同时,随着上海国际航运中心的内涵已由量的增长向服务提升方面的转变,通过改进服务和管理,也有利于航运中心综集疏运体系的发展。

一、由"量增"向"服务提升"转变

国际航运中心作为大型的国际枢纽港,其国际中转集装箱比率通常都非常高,国际集装箱的中转率也是衡量国际枢纽港和航运中心的一个重要指标。由于受自然条件和功能政策的影响,上海港的国际中转箱量一直在低水平徘徊,经过多年努力,国际中转箱量数仍不到总箱量的10%,未来增量空间有限。

上海国际航运中心应逐渐从"量"的增长转变为"服务"的提升。为了谋求服务的提升,推进国际集装箱货物的中转运输和二次集拼业务,发展国际中转集拼业务,即境外货物经过近洋、远洋国际航线运至上海港,与内地通过沿海、沿江内支线船舶转关至上海港的出口货物,在海关特殊监管区域内拆箱进行分拣和包装,并根据不同目的港或不同客户,与上海本地货源一起重新装箱后再运送出境的一种港口物流业务。

二、优化西北通道的设施布局和服务

由于浙江省的部分货源会逐渐分流至宁波—舟山港,未来上海—江苏方向的集装箱运输是上海国际航运中心集疏运体系建设需要关注的重点内容。

一是继续推进江苏方向高速公路的拓宽工程,提升通行能力。二是建

设上海港"点—轴模式"集疏港道路体系。通过在上海—江苏方向选择一个合适的枢纽点,将各货源地的货物在枢纽点集中,然后通过专用通道等大容量、高效率的运输方式连接。枢纽点可以具有"无水港"的功能,也可以只是一般性的集装箱中转基地。建设点—轴模式的理念和要点,即形成"集"、"转"、"引"。"集"就是把分散的货物集中到枢纽点,"转"就是分散的运输交通向集中的疏港交通专用道转移,"引"就是引导相关货运向点—轴模式转移。三是推广高速公路动态收费。动态收费是交通需求管理(TDM)的一种手段,通过弹性价格的杠杆作用错开拥堵时间,把主线收费站拥堵车流疏导到邻近匝道口来缓解收费口拥堵,吸引地面公路网的拥堵车流到还有空间余量的高速公路网,达到均衡高速公路全路网内的交通量分布的最终目标。为适应上海国际航运中心建设对公路运输的需求,可在长三角地区更大范围地推广高速公路动态收费,充分发挥长三角高速公路网的整体作用,均衡路网流量,缓解交通拥堵,体现高速公路的"快速、高效"的服务水平。

三、完善公路与铁路集疏运系统

推进综合货运枢纽、货运通道的规划建设,优化与江浙两省的道路衔接;加快郊环越江隧道建设,推动宝山—外高桥地区路网优化。结合沪通铁路建设,同步建设外高桥铁路货场和进港铁路,改善铁路与港区的衔接。加快沪乍杭铁路前期工作,推动项目开工建设;发挥芦潮港铁路集装箱中心站功能,推动铁路系统和洋山—临港实现海铁联运信息对接、服务管理一体化和口岸监管一体化,研究临港地区铁路进港区的可行性。深化研究机场快线,推进连接两场的市域快速轨道交通线路建设;完善浦东、虹桥国际机场周边地面公交布局,完成轨道交通二号线东延伸段改造;完善机场快速集散道路通道,建成北翟路快速路、S26公路入城段、嘉闵高架南段;完善异地航站楼服务功能,提高机场与市中心、长三角区域连接效率。

四、提速"一环十射"建设,大力发展水水中转

由于水路运输方式在减少环境污染、利用土地资源和缓解城市交通等

方面具有不可替代的优势,今后上海国际航运中心集疏运结构的变化趋势应体现为公路集疏运所占比重逐渐下降,而水路集疏运比重逐渐上升。上海虽有着密集的内河航道,并可通过江苏、浙江的内河水网连接长江黄金水道和京杭大运河,构成覆盖长三角的四通八达的水路运输网络。但是由于上海内河航道等级低、沿河港口设施差等问题,没能在上海港集疏运结构中承担较大的比例。

上海市提出"一环十射"的内河航道网将提高规划等级,与江、浙的航道网实现对接,让抵达上海港的集装箱可通过内河航道疏运到江苏、浙江,并已粗具规模。建议相关部门应重视上海"一环十射"内河高等级航道网络建设的重要性,抓紧工程建设,尽早打通上海与江苏、浙江的内河航道衔接,为水水中转创造条件。通过江河联运水水中转,将长江流域和上海港之间部分货物合理分流,逐渐提高内河航运在上海国际航运中心集疏运结构中的承担比例。

第六章　上海国际航运中心服务业体系建设

长三角区域港口发展,对航运服务业需求剧增,尤其是在高端服务业上,重点是在航运融资、海事保险、海事仲裁、海损清算、航运交易、航运咨询等方面有较大需求。上海国际航运中心服务业发展迅速,但仍与国际著名航运中心存在差距,因此要进一步提升航运服务业水平。

第一节　上海国际航运中心服务业体系发展现状

一、上海国际航运中心服务业体系基本态势

一是保税服务功能进一步完善。伴随税仓单质押融资正式推出,期货保税交割业务进一步完善;国际贸易结算规模逐步扩大,融资租赁公司不断增加,引进多家融资租赁母公司和SPV项目公司,交易结构和业务模式向多元化发展,融资租赁展示馆及综合服务平台即将推出;保税船舶登记政策出台,"上海海事局船舶登记中心保税区分中心"落户,全国首单保税船舶登记在洋山保税港区实现;国家进口贸易创新示范区通关便利化创新举措不断;国家对外文化贸易基地加快推进,文化专业设备保税租赁、保税艺术品交易中心、影视数据中心、影视后期制作中心将陆续推出。

二是航运指数定价功能进一步深化。上海航交所正式发布"中国版BDI指数",即中国进口干散货运价指数(CDFI)和中国进口原油运价指数(CTFI),由此三大传统航运市场(集装箱、散货货运、石油)国内版运价指数

全部推出，这是上海建设国际航运中心争取定价权的又一关键动作。该指数推出，是上海国际航运中心建设的标志性事件，上海在形成航运定价权、发展高端航运服务和航运金融衍生品方面初步奠定基石。

三是国际邮轮母港功能形成步伐进一步加快。上海充分利用邮轮市场已有的领先优势，加强政务协调，拓展延伸邮轮产业链，完善配套服务，探索上海邮轮发展的服务环境，具有国际特点的邮轮母港初步建设。一是成立智力支持机构。市、区、高校合作共建的"上海国际邮轮经济研究中心"和"上海国际邮轮人才培养基地"，已挂牌落户宝山国际邮轮经济综合改革实验区。二是邮轮经济效应初步显现。2016年预计航班数达490艘次，出入境旅客约284万人次，位居全国各邮轮港口前列。"十三五"规划中提出：加快邮轮经济发展，推进吴淞口国际邮轮港建设，建成亚太地区规模最大的邮轮母港，成为东亚地区邮轮枢纽港和亚太地区继新加坡、中国香港之后的三大邮轮中心之一，届时邮轮产业对上海直接经济贡献预计达50亿元至80亿元，总体经济贡献有望达150亿元至200亿元的规模。

四是航运要素进一步集聚。上海集聚了大量航运及相关服务企业，涉及港口码头、船代货代、仓储物流、船舶运输、船舶交易、船舶保险、融资租赁、信息咨询、科教研究等航运产业链的各主要环节，基本形成功能相对完整、具有一定的相互配套能力的产业体系。以浦东为例，已落户的著名航运企业及机构包括挪威、汇丰、花旗银行等148家航运金融企业，中国船级社上海分社、上海船舶运输科学研究所、上海海事法院、中国海事仲裁委员会上海分会、上海组合港管理委员会等137家航运机构和组织，中海集运、韩进海运、长荣海运3家全球运力排名前20强的船公司及一大批中外资航运物流企业和专业航运服务企业。

五是口岸服务功能进一步增强。上海紧抓大通关和口岸监管服务制度改革契机，持续推动口岸管理方式改革创新，电子口岸建设取得进展，口岸服务水平不断提升。各种交通方式集聚。海港、空港、铁路、内河、公路五位一体的现代化多式联运网络体系能够有效保障货物快速集散。

六是航运发展环境进一步优化。上海整体发展环境日趋完善，配套能力显著提高。在产业基础、商务环境、科技教育、人才资源、城市建设、信息化水平、配套服务能力等方面等取得了长足进展,形成了较强的综合比较优势。

二、上海国际航运中心服务业体系存在问题

(一)航运服务需求与功能存在矛盾

日益增长的航运服务需求和较弱的航运服务功能之间的矛盾是制约上海航运发展的主要矛盾。上海有先进的现代航运基础设施网络和优越的港口条件,在上海建设国际航运中心过程中承担着关键和核心作用。但从增长动力来看,近年来依靠港口吞吐量大幅增长拉动航运发展的模式后继乏力。表现在:港口规模发展迅速,但向上突破空间有限;国内出口阻力不断增大,继续维持国际贸易的高增长越来越难;资源环境压力不断凸现,对港口吞吐量的增加构成了硬约束。另一方面,由于观念、管理水平等方面的差距,上海航运服务功能一直不能迅速提高,使中国经济发展带来的大量航运服务需求不能得到满足。因此,上海未来必须通过优先强化航运服务功能,增强全球航运资源配置能力,突破发展瓶颈和制约,才能更好地满足周边地区和全国的国际航运要求,提高国家整体竞争力。

(二)对航运服务功能重要性的认识存在差距

一是从市级层面看,上海国际航运中心建设的政策聚焦度和清晰度有待提升,对上海航运中心建设主战场的认识有待加强。长期以来,上海国际航运中心战略实施存在着"两流分属"的问题,即实物流主要在浦东,信息流及其带来的相关服务主要在虹口。但进入"十三五"后,对综合性航运功能的要求越来越高,要求虹口和浦东各自进行调整。市场是资源配置的基础。从全市角度看,国际航运中心建设时不我待,而航运服务业不受地域限制,具有较强的市场竞争属性,因此,鼓励各区之间在有所分工错位的基础上进行良性、有序的竞争将有利于上海加快形成全球航运资源配置能力。例如,缺乏实体优势的虹口区主动出击,大力扶持北外滩地区航运服务业的发展,

呈现出方向明确、出手迅速、政府全力支持的发展现状，在航运服务形象方面占了先机。虹口区编制的《北外滩航运服务集聚区发展规划》，正在加快推进上海国际航运服务中心、白玉兰广场、外滩通道、新建路隧道、东长治路拓宽等重大功能性项目和基础设施项目建设，并积极推进北外滩第二层面开发。浦东则侧重航运服务与金融和贸易的结合，走现代航运服务的道路。宝山则侧重于邮轮母港建设。但如何进一步明确上海航运服务的主战场还有待进一步明确。

二是从有港口资源的区县层面看，在上海开发开放的前一个阶段，受全市航运发展战略和航运布局的影响，上海对航运发展的认识还主要停留在较为传统的港口认识上，主要局限于港区产业、货物装卸和保税贸易，较为简单、单一。对世界航运发展的新趋势认识不够、准备不足，在人员素质、科技水平上都和全球航运发达城市存在一定差距。同时，对于上海发展高端航运服务功能的重要性和紧迫性认识不足，落后于金融、高新技术、出口加工制造甚至是旅游功能，缺乏对上海航运发展的紧迫意识，对于航运发展对上海的核心功能作用和对上海产业发展的带动作用有所忽视。因此，要实现上海航运的跨越式发展，需要有再认识的思想准备和跨越式的发展战略。从发展阶段上看，可分为打好基础的深水港战略、增强竞争力的自由港战略、立足长远的高端服务化战略。

（三）航运服务软环境还存在差距

一是"三港三区"管理体制尚需在实践中进一步完善。上海综保区成立标志着上海市的保税区资源开始进入统筹发展和资源整合阶段。但3个区在发展阶段上并不平衡：洋山保税港区处于招商引资、产业培育阶段；外高桥处于功能深化、产业细化阶段；上海机场综保区处于开发建设、封关运作的阶段。3个区之间的相互关系还需要进一步理顺，以期充分实现政策、资源、产业和功能的联动互补。保税区和港区的联动也需要进一步加强，加速实现保税区和港区的一体化。

二是国内航运管理机构纷繁众多、职能分散的弊端在上海综改方案中没有得到根本解决。从上海来看,航运管理服务部门的职能没有得到充分明确,使其作用不能充分发挥。

三是制度环境有待进一步优化。如航运税收制度与国际惯例尚有差距;市场制度有待完善;现行航运法律法规有所缺失;高端航运人才严重不足。

四是创新和完善航运统计刻不容缓。由于航运产业的新兴性和特殊性,上海还没有完整成熟的航运统计指标体系,只有一些反映单项物流功能的统计指标。这些指标对反映新区航运服务业的现状具有一定的参考价值,但存在反映不够全面、统计口径不一致、统计缺乏连续性等问题,无法真实反映上海航运服务产业发展全貌,亟须创新和完善。

(四)航运服务硬件还存在差距

主要表现在集疏运体系总体结构仍不均衡,从一定程度上制约了上海航运服务功能的提高。一是公路比例过高,内河、铁路运能不足。目前上海的集疏运体系主要有内河水运、铁路和公路三种方式。其中,内河水运集疏运极为薄弱,铁路集疏运还没有充分发展,上海铁路二期还在建。目前上海货物的集疏运主要依靠公路来完成。这对城市交通、节能减排工作带来了巨大的压力。二是航空枢纽建设有待改善。上海机场与亚太其他竞争对手相比,国际中转的比例还比较低,基地航空公司的国际竞争力还有待加强。

第二节 上海国际航运中心服务业体系建设基本思路

立足上海国际航运中心建设国家战略,全面落实相关政策举措,充分发挥上海综合优势,坚持加快经济发展方式转变,以"增强全球航运资源配置能力"为主线,以北外滩、陆家嘴、临港新城和上海综合保税区的航运功能优化完善为核心,以国家航运发展综合试验区为契机,以招商引资和功能拓展为抓手,以强化上海国际航运中心主战场地位为重点,大力发展高端航运服务,加快提升全球服务能力,实现由基础设施建设推动向基础设施建设和功能建设共同推动转变,由集散功能领先突进向多功能协调发展转变,由货物资源配置向综合资源配置转变,由航运要素集聚和吞吐中心向创新资源、生产要素的配置中心转变。力争到2020年,初步形成要素集聚、体系完善、服务全国、面向世界的亚太枢纽港和高端国际航运服务中心,基本建成具有全球资源配置能力的国际航运中心。

一、航运服务业体系建设目标

枢纽化。从国际经验看,航运服务功能的枢纽化是世界航运中心发展的一个主要趋势。因此,贯彻东西联动方针,进一步强化上海国际航运中心建设中服务体系的功能性、先导性、引领性是上海增强全球航运资源配置能力的基础。

国际化。上海作为上海国际航运中心建设的主战场,不仅只局限于一流的硬件设施,更要着力于构建全球化的服务网络,实现航运和服务市场的全球布局。因此,要大力推动航运和服务市场的国际化,形成以国际惯例接轨的开放环境,培育和优化航运市场软环境。

服务化。上海要进一步发挥城市综合功能,进一步集聚航运服务企业,推动上海航运产业的服务化趋势。现代航运服务市场功能要进一步提升,航运金融等为代表的航运高端服务业与港口运输业融合发展,形成与国际航运中心地位相适应的现代航运服务业产业体系。

高端化。上海要以北外滩、陆家嘴、临港新城和上海综合保税区的航运功能优化完善为核心,以国家航运发展综合试验区为契机,大力发展高端航运服务,推动航运金融、航运经纪、航运贸易、航运中介等航运服务业发展,加快上海航运的高端服务能力。

区域化。上海航运发展要形成为长江流域、长三角地区服务的区域性航运服务功能,成为长江流域经济发展的"引擎"、长三角地区经济一体化的重要助推器,从而依托长三角城市带参与国际竞争。

二、航运服务业体系阶段目标

集疏运体系进一步完善。实现公路、水路和铁路多种运输方式一体化均衡发展和高效衔接,基本形成综合保税区、国际航空枢纽港、内河航运中心、陆上公路、铁路中心共同构成的立体化运输网络,充分满足未来国际航运市场资源综合配置和口岸运行的需要。初步建成港口集疏运体系高效快捷、航运资源高度集聚、航运服务功能健全、航运市场环境优良、现代物流服务高效的国际航运中心核心区。

航运服务体系形成融合性优势。充分发挥上海综合服务功能较强的优势,加快吸引国际中转商入驻上海,逐步提高国际中转在海运、空运中货物吞吐总量的比重,推动上海航运由腹地型向中转复合型转变,功能由单一化向复合化转变,形成以国际集装箱深水枢纽港为依托,集国际商品、资本、信息、技术等集散功能为一身的航运服务中心。同时,根据上海"多中心网络型"的城市布局发展方向,充分发挥陆家嘴等城区板块的综合优势,充分挖掘临港等新兴板块的潜力,做到功能联动互补,实现城市协调布局。

航运管理水平进一步提升。加强口岸管理部门间的协调与合作,实施促进贸易便利化的报关、报检、港务、税务等全方位综合管理模式,提升服务水平,提高口岸通行能力;继续完善特殊监管区的管理模式。

初步形成全球航运资源配置能力。基本具备航运物流资源配置能力、全球航运运力及相关资源配置能力、全球航运交易市场资源配置能力和航运软实力核心资源配置能力。

三、上海国际航运中心服务业功能布局

上海航运服务体系发展应形成"1轴、2系、4块"发展格局:所谓"1轴",也即全力打造上海国际航运中心的一个"航运综合服务功能轴";所谓"2系",也即合力营造"集疏运体系"与"现代航运服务体系"等两大体系;所谓"4块",也即重点塑造航运专业服务业、航运金融、航运物流及航运研发与信息等四大航运功能板块,推进上海国际航运中心建设。

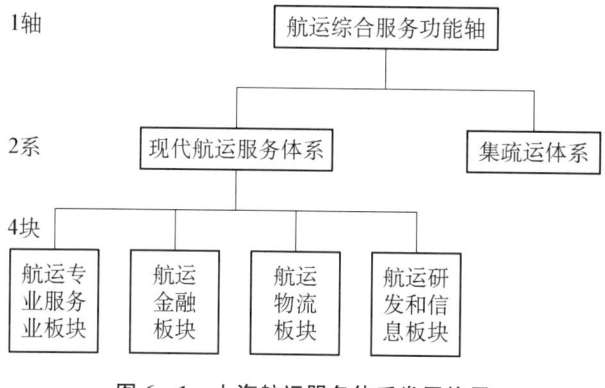

图 6-1 上海航运服务体系发展格局

（一）航运服务业"一轴"

"一轴"即在上海打造上海国际航运中心发展主轴线。主要沿黄浦江东段布局，主要涉及区域为浦东和虹口。作为成熟高端航运商务带的核心区段，重点发展航运金融保险、海事法律、航运经纪、科研教育、信息咨询等高端服务业，以及船舶飞机租赁、船舶代理、船舶管理等航运主体业务，持续增强上海航运国际化、高端化和专业化服务能力，构筑一条国际航运中心发展走廊。

（二）航运服务中心发展"两系"

合力营造两大航运体系是指构建上海集疏运体系和现代航运服务体系。

在集疏运方面，一是进一步优化上海港口集疏运服务体系。港口集疏运系统更是港口经济能量传输的动脉，是港口与广大腹地相互联系的通道，是港口赖以存在与发展的主要外部条件。如果说港口经济是母体、港口是心脏、港口城市是中枢，那么港口集疏运系统就是"血管"，源源不断地为各个部位输送能量。它所能实现的物理和逻辑上的"零距离换乘"和"无缝连接"，是各类运输枢纽都应达到的高度，任何现代化港口只有具有完善与畅通的集疏运系统,才能成为综合交通运输网中真正意义上的水陆交通枢纽。

二是打造现代化、服务化的区内集疏运系统,即在上海内,按照各自技术经济特征,进一步形成分工协作、有机结合、联结贯通的交通运输综合体。建设集疏运系统,必须按照服务高质量、运输高效率和经济社会高效益的原则进行,在交通建设上做到统筹规划、布局合理;在运输设备配置上做到相互衔接、成龙配套;在组织管理上做到协调高效、优势互补。

在现代航运服务体系方面,构建上海现代航运服务体系,即大力发展航运物流、航运中介、航运经纪、航运贸易、航运金融、航运信息等航运服务产业,加快形成航运产业链和产业集群,提升现代航运服务水平,努力形成服务优质、功能完备的现代航运服务体系,增强港航资源支持持续发展的能力。

(三) 航运服务发展四大重点领域

围绕上海航运的总体功能,重点发展航运金融、航运专业服务、航运物流、航运研发和信息四大领域,形成多层次产业协同,各产业融合发展的产业格局。

航运金融:大力发展航运金融市场,探索发展离岸金融市场业务;鼓励有实力的船舶融资和航运保险公司通过资本市场直接融资;积极发展航运交易市场;积极利用产权交易市场,着力优化航运公司结构。大力吸引航运金融机构集聚,积极支持航运金融控股集团、航运保险公司、融资租赁公司发展。大力开发金融产品。适时推出航运指数期货产品;开拓航运责任险品种;推动航运主体债券发行。大力发展相关金融服务。着力打造国际航运结算中心;推动航运企业金融服务外包发展。

航运专业服务业:重点发展航运经纪、海事法律、仲裁、咨询、培训等专业性强、附加值高、影响大的航运专业服务业。进一步突破体制机制瓶颈,提供优惠的扶持政策,吸引优秀人才,培育知名机构,形成一批国内领先、具有知名度和影响力的品牌专业航运服务机构。

航运物流:充分利用"三港三区"独特的航运格局,争取政策突破和先行先试,构建航运物流服务板块,重点发展国际贸易、仓储运输、装卸搬运、分拨配送、流通加工、信息处理等综合物流服务功能,形成现代化物流体系。同时,完善航运物流基础设施,增强综合运输能力,优化现代航运集疏运体系。

航运研发和信息:依托现有航运机构和上海海事大学等航运院校,大力开展航运研发,构建具有航运特色的科研服务板块。利用现代信息与网络技术,整合共享各种信息资源,拓展和完善航运信息服务产业链。

(四)航运功能片区规划布局构想

上海中心城区的发展态势大致可分为四类:一是主要依托两个中心文件,围绕上海打造"四个中心"发展的,主要是浦东。二是依托上海市服务业大十字发展轴,沿江和沿延安路发展的,主要有上海、黄浦、静安、虹口、徐汇、杨浦几个区;三是依托大虹桥国际商务区进行发展的,主要有长宁、闵行、普陀;四是依托国家级服务业实验区发展的,主要是原闸北地区。参照鹿特丹港模式和伦敦航运服务中心模式,上海可在地理空间上实现集疏运功能与高端服务分开,集疏运功能向海岸转移发散,高端服务沿滨江布局,形成"两条自然水域机理"的布局。综保区、临港主城区、临空产业园区构成一条沿海航运集疏运功能带,北外滩、陆家嘴和滨江北区域构成一条"沿江"高端航运服务集聚区。其划分的优势在于:

一是强化了北外滩、陆家嘴、滨江北区域的航运功能,突出"沿江"高端航运服务集聚区,有助于上海更好地承担"四个中心"建设主战场任务和形成上海航运服务功能形象。随着上海国际航运中心航运服务功能的提升以及国际金融中心与国际航运中心的联动日趋紧密,陆家嘴和滨江北区域承载的航运服务功能越来越重要,两块区域也将成为上海国际金融中心和国际航运中心联动发展的重要区域。航运对金融具有融合和支撑作用,通过金融与航运的互融、互动将取得 $1+1>2$ 的效果。从国际经验来看,航运和金融产业之间的关联互动和功能耦合是一个城市迅速崛起的重要推动力,纽约、伦敦、香港等国际大都市莫不如是。伦敦金融城的副总裁就曾在陆家嘴论坛市长咨询会上指出:"没有航运中心的支持,上海的金融中心是建不成的。"而对于上海而言,陆家嘴金融城建设也需要航运的支持。金融与航运是互融的,航运领域有航运金融、物流金融等行业,金融领域也有航运业务。上海自1843年开埠以来,航运发展就同金融发展、城市繁荣相生相伴,成为近代中国的航运、金融、经贸中心。金融和航运是互动的。船舶融资、航运保险、航运租赁、航运结算等领域是高端航运服务业的核心。以伦敦为例,其集聚了大量船公司总部。围绕这些总部,约有1750家的海事服务公司为其提供船舶买卖、租赁、保险、法律、仲裁等服务。金融城拥有的外资银行中海运专业投资银行达50多家,每年提供航运贷款150亿—200亿英镑,占全球航运贷款总额的15%—20%。航运服务已成为稳定伦敦作为国际金融中心的重要部分。因此,强化陆家嘴、滨江北的航运服务功能,有助于完整承载、体现"四个中心"的核心功能。

二是有助于上海取得海洋经济发展主导权。上海位于处于长江入海口和东海的交汇处,北接江苏、南临浙江,区位优势明显。上海自开埠以来,即形成了坐西向东,面向大海的发展态势,奠定了"兼容并蓄,海纳百川"的城市文化底蕴。而上海的成功开发也正是这一东进拓展战略的体现。南汇并入上海后,为上海进一步东进提供了新的空间及动力。"十二五"期间,从国家层面看,"江河战略"逐渐向"沿海战略"推进,海西经济区、江苏沿海经济带、辽宁沿海经济带等区域发展规划进一步增强了沿海城市群的整体地位,使得上海作为沿海大通道的桥头堡和重要节点的战略地位更加突出。从上海层面看,"浦江战略"正向"江海并举战略"转变,城市发展正逐步从沿江(黄浦江)发展转向沿江、沿海(海岸线)发展并举,将构建以大上海—延安西路—大虹桥为主轴和以沿黄浦江两岸为主轴的两条现代服务经济产业带,以及沿海先进制造业产业带,上海正好处于黄浦江产业带和沿海产业带上,陆家嘴基本可以认为是两线交点也就是原点位置上,为上海实施海洋发展战略、发展海洋经济和现代服务业,打造临港新城提供了良好的机遇。21世纪是海洋世纪,海洋将成为国际竞争的主要领域,继续推进东进战略,打造沿海航运集疏运功能带,将使上海航运功能板块更为清晰,更符合上海产业、城市功能发展规律。这也是上海提高国际竞争力,培育新的经济增长点的重要空间载体。

第三节　上海国际航运中心服务业体系发展建议

上海要抓住新一轮国际产业转移和上海综合配套改革的机遇,根据上海"四个中心"建设的要求,围绕"增强全球航运资源配置能力"这条主线,继续完善现代航运服务体系。以建立"国际航运发展综合试验区"为突破口,通过航运发展配套支持政策和相关保障措施,切实转变经济发展方式,推动上海航运新一轮大发展。

一、发展现代航运服务体系,增强全球航运核心资源的配置能力

(一) 完善航运服务产业链,推动高端航运服务业发展

一是加大招商引资力度,大力引进船公司地区总部、航运保险机构、船舶融资服务机构、船舶交易和租赁公司、航运机构(世界海事组织、船东协会、各大班轮公会、货代协会等设立分支机构)以及航运法律、信息、咨询、经纪、会展、科研、教育培训等服务机构,形成上海航运高端产业链。

二是重视引进发展新的航运服务机构类型。争取国家和上海市支持,探索设立跨行政区域的航运中介协会组织。争取长三角港航发展促进会、中国国际海员招募中心(包括船员援助中心)、国家油污基金管理委员会执行机构落户上海。

三是借鉴德国 KG 基金模式,推进设立由民间资本主导的、市场化运作的航运产业发展基金。以直接融资方式购买大型船舶和特种船舶,建立以基金为一方主体的船舶运营模式。

四是加快推进大型船舶制造企业参与金融租赁公司组建试点。研究金融租赁公司组建方案并推进试点,支持并鼓励金融租赁公司拓展融资渠道。

五是配合推进航运保险机构设立。研究航运保险机构配套支持政策,

推动有实力的金融机构、航运企业等在上海成立专业性航运保险机构。

六是争取上海邮轮码头规划布局在上海设点,利用大型和超大型邮轮对深水港的强烈依赖,推进新区邮轮经济新兴产业发展。

七是充分发挥国家级开发区和开发公司作为招商引资主力军作用,搭建招商工作服务平台。建立招商协同接洽制度,重大项目共同参与、协同推进。

(二) 打造品牌航运集聚区,集聚航运机构和功能性机构、培育航运人才

一是编制三大区域航运服务产业发展规划。细化浦东、虹口、宝山三大发展区域航运产业发展和空间布局规划,为集聚航运市场主体提供指导、明确方向。加速落实具体地块分别形成各类航运金融和航运保险服务机构的集群;形成各类航运、物流公司的集群;形成海事组织、海事科研、海事教育的集聚地以及定期举办各种航运展览、会议,建成具有国际影响力的航运会展中心。

二是加快建设航运人才培训和交流平台,构筑航运人才高地。加快制订航运人才培育计划,为航运人才高地建设提供指导。加速推动形成多层次航运人才培育体系。参照上海交通大学上海高级金融学院模式,支持海事大学等高校建立上海高级航运学院,培养通晓国际航运企业运作方式和惯例,具有全球视野的航运高级人才。推动国际合作,支持上海海事大学等大专院校开展多层次、多形式航运人才培训。依托新区人才交流中心探索建立航运人才交流服务平台。

(三) 加强环境营造,提升服务功能

一是整合政府航运管理和服务资源,加快筹建上海国际航运服务中心,打造综合型、高层次航运服务平台和窗口,健全航运服务功能。

二是建立健全金融、航运、物流等行业协会的信息服务、业务指导、协调

沟通功能,推动船舶融资、航运保险、融资租赁、物流金融等业务的开展。

三是积极发展专门的航运仲裁机构,建立高效的争端解决机制。

四是加强与世界著名航运机构合作交流,继续加强与波罗的海航运交易所、伦敦海事协会、伦敦金融城等世界著名航运机构合作交流,争取引进具有国际影响力的航运组织在上海设立分支机构,举办较具影响力的航运专业论坛和研讨活动,加强对外宣传力度,提高上海在世界航运界的知名度和国际地位。

(四) 加强航运服务市场体系建设

一是积极发展船东保赔市场。上海应积极引进国际知名的船东保赔协会,提高对国际主要船东的服务能力和效率,探索在上海牵头建立"亚洲船东互保协会",壮大我国和上海自己的船东保赔协会,形成规模和专业优势,增强在国际航运保险市场上的话语权和资源配置权。

二是依托陆家嘴航运金融优势,探索二手船交易平台建设,实现交易船舶网上挂牌、统计、查询;提供船舶交易结算、船舶拍卖、委托招标、船舶评估、船舶融资配套、法律咨询、仲裁、船舶经纪机构和经纪人的资信评估等辅助服务;发布船舶交易价格指数和市场行情等参考信息。

三是加快推进航运金融业务发展和产品创新。支持积极引导和支持金融、保险等机构全面开展船舶融资、海上保险、海运资金结算等业务,开发设计并适时推出海运价格衍生产品,使上海逐步发展成为国内、国际航运金融保险中心和海运衍生产品交易与结算中心。

四是创新航运市场交易品种。争取有关部门支持,将保税商品展示功能拓展至交易功能,由海关进一步加强配套,通过建立展示商品电子数据库等方式优化监管作业模式,尽快形成完整的贸易链监管制度。

(五) 强化航运服务平台建设

一是通过设立上海航运发展推进服务机构,建设航运公共服务平台;二是通过规划建设航运企业总部集聚区、强化政策保障、开展国际合作,建设航运投资促进平台;三是通过不断整合航运服务公共信息资源,建设新区航运专业信息网络平台;四是借鉴虹口区成立"航运服务促进会"的经验,强化对航运虚拟服务平台的打造。

二、完善航运发展配套支持政策,加快提升政府管理协调配置资源的能力

(一)进一步完善支持和促进上海航运服务产业加快发展的财税优惠政策

一是加大对重点航运企业和功能性机构的支持力度。对新引进的重点航运企业、高端航运服务企业和国内外知名功能性航运机构等,经认定,给予一定金额的一次性补贴;对上海现有重点航运企业、高端航运服务企业和国内外知名功能性航运机构增资或开展新区鼓励发展新型业务达到一定规模的,经认定,比照新引进企业和机构给予一次性补贴。

二是支持高端及高成长性航运业态发展。对上海新引进及现有重点航运企业、高端航运服务企业、航运先进制造与维修企业及高成长性航运企业,从事特定相关业务实现的增加值、营业收入、利润总额形成新区地方财力年度的新增部分提取一定比例予以企业补贴。

三是支持上海航运发展软环境建设。鼓励在上海设立的功能性机构积极开展与上海航运发展软环境建设相关的课题研究、培训、会展等活动和项目,视具体情况给予一定的资金扶持。

四是支持上海品牌航运服务集聚区发展。鼓励上海综合保税区、陆家嘴金融贸易区和上海临港新城等航运服务集聚区根据自身特点,在此基础上制定各自区域内的航运扶持政策,促进本区域航运发展。

(二)加大人才引进和保障力度,集聚航运人才向上海集聚,促进高端航运服务产业发展壮大

一是设立航运人才发展专项资金,对新引进的重点航运企业、大型航运

先进制造与维修企业、高成长性航运企业、高端航运服务企业、国内外知名功能性航运机构的高管人员予以奖励。二是对新引进的航运及相关服务企业人才可享受户籍办理、子女入学、医疗保障、人才公寓等的优惠待遇。

(三) 推进国内货物在综保区内进行保税延展操作

积极支持区内企业发展模式转变,允许国内非保税货物入区与保税货物配合进行保税延展物流运作。争取海关等有关部门支持,早日放开"国内维修"业务和区内企业的进口分销权,推动区内企业保税与非保税业务的联动发展,加快国外、国内两个市场的有效连接。

(四) 优化口岸通关环境,便捷航运物流发展

一是持续探索深化上海大通关建设,在综保区内实现有效监管下的一线充分放开。进一步争取海关、检验检疫、港务等口岸部门支持,争取国家促进国际航运中心建设海关、检验检疫管理制度创新在上海先行先试,提高物流效率。二是加快"三港三区"一体化发展。探索创新海关特殊监管区域的管理制度,整合叠加海关特殊监管区域政策和功能。三是加快推动"保税区空运货物服务中心"建设。加快外高桥保税区与空港的联动,促进保税区和口岸优势结合,提高联动效应。

(五) 积极开展综合性的前瞻研究

一是着手建立和完善新区航运统计指标体系。二是开展产业发展专项研究。重点围绕航运贸易、航运经纪等主题,加强操作性研究,以指导产业发展和工作推进。

三、完善航运中心服务业发展的保障措施,优化航运发展环境

(一) 探索上海航运服务发展专项资金扶持政策

每年在新区财政中安排专项资金,用于鼓励上海航运及相关服务业发

展,支持陆家嘴、临港新城、上海综合保税区等航运集聚区建设,引进或培育一批重点航运企业,加速高端航运要素向新区集聚,持续增强国际竞争力。制定"上海航运发展专项资金管理办法",对资金的使用进行监督、检查、跟踪。

(二) 完善协调机制

一是进一步参与与国家有关主管部门、长三角地区、中西部地区的交流合作机制。在上海推动建立泛长三角协作框架过程中,上海可牵头成立高能级的非营利性机构,主动对接国内外主要货源地,加强与货源地政府、企业的合作,为国内外的货主提供持续的服务和帮助,推动货物跨省市多式联运直通上海,增强上海区域影响力。二是积极配合上海市有关部门建立完善加强航运中心建设的协调机制。研究解决不同层面问题,落实协调推进工作。三是进一步强化上海航运发展推进工作机制,强化新区航运办的统筹协调与管理职能,形成强有力的牵头推进机制。同时积极争取新区编办、人保局、民政局等部门支持,尽快设立上海航运发展推进服务机构(事业单位)和航运行业协会,建立起政府机构、事业单位、行业组织共同推进的航运产业发展推进体系。四是建立完善与社会各界的定期沟通交流机制,听取航运、金融、贸易等领域的企业和专家的意见,及时掌握市场需求。

(三) 以加强地方立法保障航运产业发展

一是配合上海市人大制定航运中心建设的有关法律规范。借鉴国际海事法律制度和外高桥保税区立法的成功经验,探索、研究航运服务业及相关各类专业法律法规建设,加强水路运输、海事管理、船舶、船员、港口、航道六大领域的法律法规研究建设。二是大力支持海事仲裁机构和海事司法机构的建设。争取国家相关部门的政策倾斜,通过促进使用海事仲裁作为航运合同标准争议处理选项,提升海事仲裁的国内业务量,支持上海成为最具独立性和执行效率的海事争端处理地。

(四) 深化改革,促进市场化运作机制形成

一是按照产业融合的趋势,形成适应航运金融、航运物流等产业融合发展的监管制度框架,通过管理机构的融合来促进部门间的资源重组,推进航运与其他产业的融合化发展。二是以上海综合配套改革为契机,进一步放松管制,减少或取消政府在微观经济管理中的审批权、核准权、管理权。三是制定符合国际通行的市场准入规则,逐步减少市场准入制度中的行政垄断,促进航运业的良性竞争与发展。四是继续深化港口经营的市场化改革,推进港口企业市场化改造;加快港航管理体制改革,完善引航体制;加快推进集装箱港口多元化投资,逐步引入多种经营主体参与港口经营。

理论探索篇

第七章　上海国际航运中心发展中的理论探索与实践

上海国际航运中心建设提出以来,凭借长三角港口岸线资源丰富优势和广阔腹地,中心建设取得了一定成绩,在区域合作、重点领域等方面进行了理论探索与实践。

第一节　舟山与上海国际航运中心联动发展实践

2013年1月国务院批复《浙江舟山群岛新区发展规划》,作为我国首个以海洋经济为主题的国家战略性区域规划,它将舟山定位为全国海洋综合开发试验区、海洋经济发展先导区、长江三角洲地区经济发展重要增长极。作为长江经济带发展的重要战略支点,江海联运服务中心的提出进一步明确了舟山的发展定位与方向。作为上海国际航运中心建设中的重要的组成部分,舟山如何加强江海联运服务中心与国际航运中心联动发展,具有重要的战略意义。

一、舟山江海联运服务中心建设的背景与意义

(一)舟山江海联运服务中心建设背景

全球经济格局调整转型,催生了舟山江海联运服务中心建设发展。进入新世纪以来,经济全球化进程进一步加快,国际产业结构迅速调整、产业分工体系格局发生重大变化,由此带来资源在全世界范围内重新配置。无论从开拓市场空间、优化产业结构、获取经济资源、争取技术来源,还是在突

破贸易壁垒等方面,都需要对扩大开放重新认识,进一步试验调整优化我国对外开放政策,实现对外开放的新格局。在推进新一轮的对外开放中,随着我国综合实力的增强和国际化的需要,必须在东部沿海开发建设以中国香港、新加坡等为借鉴的国际一线港口城市,推出自由度和开放度更大的自由贸易区或自由港政策,增强面向西太平洋的海上门户的竞争实力。这为舟山群岛参与国际航运中心建设,发挥江海联运服务功能提供了战略机遇。

国家沿海战略地位日益突出,提升了舟山江海联运服务中心重要地位。21世纪是人类开发海洋、发展海洋经济的新时代。随着社会经济的高速增长,陆域资源、能源和空间的压力与日俱增,海洋经济作为未来开发的新空间、新资源,已成为世界经济发展的重要主题之一。沿海各国和地区都把"海洋强国"作为国家和地区的长期发展战略。我国海域范围广阔、海洋资源丰富,沿海地区作为推动全国经济发展的重要力量和对外开放的前沿阵地,具有巨大发展潜力。目前,我国已经相继批复了包括辽宁沿海经济带、天津滨海新区、舟山群岛新区、江苏沿海经济区、长三角经济区、珠三角经济区、福建海峡西岸经济区、广西北部湾经济区等一系列沿海战略规划,国家沿海战略布局成为国家发展战略的重要内容。这为舟山江海联运服务中心建设创造了良好的宏观发展环境。

舟山在长江经济带中的定位,指明了舟山江海联运服务中心发展方向。2014年国务院印发《关于依托黄金水道推动长江经济带发展的指导意见》,标志着依托长江黄金水道建设中国经济升级版的新支撑带将上升为国家战略,进一步推动和促进沿长江流域地区经济可持续发展。舟山地处我国东部"黄金海岸"与长江"黄金水道"的T字交汇处,与东北亚及西太平洋的主要港口形成了等距离扇形辐射,是我国蓝色国土的重要"坐标点"。新时期,舟山定位为长江经济带发展的一个"龙眼",也是长江经济带和长三角发展的战略支点,这对充分发挥优势、扩大影响,在融入长江经济带发展中进一步明晰发展方向和产业重点具有重要指导意义。

探索体制机制创新突破,为舟山江海联运服务中心发展提供了动力和保障。当前,我国经济社会发展到了关键时刻,改革进入攻坚阶段,开放进入更高平台。浙江舟山群岛新区是继上海浦东新区、天津滨海新区和重庆两江新区之后设立的又一个国家级新区。与其他3个新区有所不同，浙江舟山群岛新区是我国首个以海洋经济为主题的国家战略层面的新区。通过先行先试，创建新的开放体制，推进行政管理体制、市场体系、用海用地管理制度、财税和投融资政策等方面进行综合配套改革，积极探索海陆联动的新思路与新举措是新区发展的重点，为打造江海联运服务中心提供了强大动力和体制保障。

（二）舟山江海联运服务中心建设重要意义

有利于构筑长江经济带战略支撑点。舟山背靠长江三角洲，面向太平洋，地处于南北海运大通道和长江黄金水道的交汇地带，是长江口港口体系江海联运面向国际的"弯弓射雕"型枢纽，辐射亚太新兴港口城市，是长江经济带和"21世纪海上丝绸之路"的重要支撑点，是长江流域和长江三角洲对外开放的海上门户和重要通道。一方面，可促进沿江沿路由东向西开放，推进与周边国家的合作交流；另一方面，江海联运服务中心有助于国际干线运输、国内沿海运输和内河运输的有效衔接。

有利于服务长三角。长三角地区正处于实现新一轮历史性跨越的关键时期，进一步推进长三角地区改革开放和联动发展的基础性条件已经成熟。舟山江海联运服务中心的建设有利于搭建对外开放新平台，促进长三角区域经济一体化进程，加快区域内生产要素流动和国际产业转移，推进以上海为中心的国际航运中心建设。同时，有利于解决区域内重复投资、港行产业结构同化、特点同化、职能同化现象，提升长三角地区海洋经济整体国际竞争力，为全国海洋经济科学发展提供示范。

有利于上海国际航运中心建设。上海国际航运中心建设是以上海为核心，以江浙为两翼的发展布局。充分发挥长三角区域港口的集群优势，是上海打造国际航运中心的关键一环。目前，上海国际航运中心在构建优化整合的集疏运体系、构建现代国际航运服务体系等方面有待进一步完善，尚未形成多层次、全方位的航运服务体系，无法形成与上海国际航运中心发展相适应的航运服务功能。舟山江海联运服务中心以其特殊的位置和深水港群等港口资源条件，必然能为上海国际航运中心的功能完善和布局优化、长三角港口体系服务功能整体提升提供必要的支撑。

有利于舟山群岛新区发展。江海联运服务中心有助于充分利用国际、国内两个市场，打造新区升级版。一是促进舟山港航物流业发展，扩大大宗商品储运规模和种类，延伸相关产业链，加速一程运输多元化规模化发展；二是加快船舶修造企业转型升级，扩展重组船舶修造业，带动以国际一程运输船只和江海联运型船只为主的高端船舶制造业发展；三是推进海事服务基地建设，带动航运服务市场建设；四是拓展舟山装备制造业，特别是石油化工装备制造业的发展；五是带动人口、资金、技术集聚，提升海上花园城市的质量和档次。

有利于实现上海港、舟山—宁波港的错位联动发展。长三角港口群的大发展带来了竞争态势，为形成长三角港口的共赢局面，实施错位发展战略，力求形成合作共赢态势。当前，长三角港口群以市场发展和政府推动为契机，大规模地开展区域港口合作，通过被资本渗透、相互持股等合作方式，形成新一轮的竞合发展模式，在上海的南北两翼港口群区域逐渐实施一体化发展。其中，充分发挥舟山的优势和特点，以发展矿、煤、油及粮食等大宗战略物资为主，加强与上海、宁波协同合作，实现港口和要素的合理布局。

二、国际上港口联动发展经验借鉴

国际上港口间的联动发展主要体现在港口群与组合港的联动发展，其已成为世界许多国家航运发展的重要组成。港口间的经济合作也愈来愈被重视，如美国、德国以及日本等国家已在港口联动发展方面积累了一定的实践经验。

（一）纽约/新泽西组合港

纽约/新泽西组合港位于美国东海岸，由纽约和新泽西州港口的各个港区通过港口资源整合形成，该组合港是美国东海岸最大的集装箱港，对外贸易总值占全国的40%以上。根据市场竞争的要求,20世纪40年代由分属纽约州和新泽西州的两个港口资源联合组成,它所管辖的范围是以纽约女神像为中心,半径为25英里的区域。目前拥有4个集装箱港区,其中纽约州和新泽西州各有2个。

纽约/新泽西组合港联动发展运行机制为:该港由一个14人组成的港口委员会统一管理,港口委员会成员由两州州长各任命7人,委员会的主要任务是负责研究港口经营、建设和管理中的问题,促进和保护纽约和新泽西港口地区内部的商业业务活动,负责监管两州的陆、海、空运输网络系统,州政府负责港口的重大决策问题。纽约和新泽西州形成组合港口以后,成为统一的竞争实体,充分发挥各个港口的资源优势,在与北大西洋沿海其他港口的竞争中取得了主动地位。

(二) 洛杉矶/长滩组合港

洛杉矶/长滩组合港是美国西海岸重要的港口群,其中洛杉矶港是北美大陆桥的桥头堡之一,拥有120多个码头泊位,为西部最大的集装箱吞吐港。长滩港位于加州南部的长滩市,是美国重要的集装箱深水港,地处通往亚洲各国和地区的枢纽位置,是美国仅次于洛杉矶的第二繁忙港口。长滩港进出口货物除服装、电子和轻工产品外,还有大量的工业用原油、石油产品和化学制品。

洛杉矶/长滩组合港由洛杉矶/长滩港务局统一管理,该港务局作为市政府的下属的公益性管理部门,其主要职责是参与港口规划和航道的疏浚、码头前沿登记处设施建设。港务局通过和各个主要船公司签订25—30年的租赁合同将码头租给各个主要的船公司经营,港务局仅仅收取码头租赁管理费。该种运营模式充分发挥了船公司、码头公司等企业在市场中的经营活力,促进了港口在经营设施、投资运营和管理等方面的互动良性发展。

(三) 不来梅组合港

不来梅组合港由德国西北部威悉河畔的不来梅内港和不来梅哈芬外港

组成。其中不来梅港距离德国西北部威悉河入海口约122千米,是德国最早开始进行集装箱装卸的港口。不来梅哈芬位于威悉河的入海口,依靠其远洋港区,是德国主要的出口门户,跻身欧洲最大的港口城市之列。不来梅港与不来梅哈芬港以及威悉河中上游的内河港之间有内河驳船连接,与世界各大港口之间设有远洋货船航线。

随着远洋集装箱船规模的不断扩大,不来梅哈芬港承担集装箱转运的功能,而不来梅港运输多为散货和件杂货。不来梅组合港通过分工合作,实现港口的联动发展。不来梅港拥有发达的港区铁路,主要港区与客货两用的枢纽站不来梅火车总站相连,可通往德国乃至欧洲各目的地,便利的海陆空立体交通网络吸引大量工商业和物流企业,一些来自德国的国际性物流企业的总部都位于不来梅市。不来梅哈芬的经济与港口紧密相关,最主要的产业是港口装卸、修船业以及鱼类和食品加工。同时不来梅哈芬港是欧洲最大的汽车港,德国、东欧和北欧的进出口汽车大部分是通过该港口中转,同时也是豪华邮轮的出发以及目的港。

(四) 东京湾港口群

东京湾位于日本本州岛中东部沿太平洋地区,湾内有东京、千叶、川崎、横滨、木更津和横须贺港6个重要港口,六港口首尾相连,绵延百里,形成沿海岸向东南开口的马蹄形港口组合及工业城市群体。东京湾港口历来是日本重点建设的港口,经过多年发展,已形成鲜明的职能分工体系,各主要港口根据自身基础与特点,承担不同职能,实现了港口间的协调发展。

东京港为特定重要港口,作为较新港口,依托日本最大的经济中心、金融中心和交通中心东京,其主要职能与定位为输入型港口、商品进出口港口、内贸港口和集装箱港口。横滨港为特定重要港口,作为历史上重要的国际贸易港、京滨工业区的重要组成部分,以重化工业和机械加工业为主,其职能定位为国际贸易港、工业品输出港和集装箱货物集散港。千叶港为特定重要港口,作为新兴港口,是京叶工业区的重要组成部分,是日本的重化工业基地,其职能定位为能源输入港和工业港。川崎港为特定重要港口,其与东京港和横滨港首尾相连,深水泊位较少,多为企业专用码头,其职能定位为原料进口与成品输出港。木更津港为重要港口,其旅游资源丰富,以服务境内的企业为主,其职能定位为地方商港和旅游港。横须贺港为重要港口,主要为军事港口,少部分服务当地企业,其职能定位为军港兼贸易港口。

三、舟山江海联运服务中心发展功能定位与目标

(一) 功能定位

舟山江海联运服务中心是上海航运中心重要组成部分。其功能定位为:江海联运服务中心、大宗商品储运中转加工中心、大宗商品的贸易中心和金融中心、海事服务基地和海事人才培训基地、国际海员俱乐部、交通物流公共信息平台中心、长三角旅游集散地等。

(二) 发展目标

枢纽化。从国际经验看,航运服务功能的枢纽化是世界航运中心发展的一个主要趋势。因此,贯彻东西联动方针,兼顾南北沟通,进一步强化舟山江海联运服务中心服务体系的功能性、先导性、引领性是舟山增强全球航运资源配置能力的基础。

国际化。舟山作为江海联运服务中心,不只局限于一流的硬件服务设施,更要着力于构建全球化的服务网络,实现航运和服务市场的全球布局。因此,要大力推动航运和服务市场的国际化,形成以国际惯例接轨的开放环境,培育和优化航运市场软环境。

服务化。进一步发挥航运服务功能,进一步集聚航运服务企业,推动长江黄金水道与江海联运的服务化趋势。现代航运服务市场功能要进一步提升,航运金融等为代表的航运高端服务业与港口运输业融合发展,形成与国际航运中心地位相适应的现代航运服务业产业体系。

区域化。舟山江海联运服务要形成为长江流域、长三角地区服务的区域性航运服务功能,成为长江流域经济发展的"引擎",长三角地区经济一体

化的重要助推器,从而依托长三角城市带参与国际竞争。

四、舟山江海联运服务中心与上海国际航运中心联动发展思路与路径

(一) 舟山江海联运服务中心与上海国际航运中心联动发展思路

1. 互联发展

在长三角区域发展战略中,上海国际航运中心建设的基本框架体系是以上海港为中心,以江苏、浙江部分港口为两翼,沿海港口为纵深,以枢纽港、干线港、支线港和喂给港为主体的组合港口群。作为上海国际航运中心重要组成部分,舟山要与上海推进航运服务的互联发展,拓展两地合作发展领域,提高一体化发展水平。一方面加强区域港口规划建设合作,促进长三角港口协调发展,重点在港口规划、岸线资源管理、港口建设管理等方面进行合作交流。另一方面积极探索有效的港口协调管理体制和机制,以地区整体利益为宗旨,解决长三角港口群以及区域间协调过程中的重大问题,重点在港口物流体系建设、集疏运体系建设和现代服务业体系建设上,建立互惠互利的合作机制。

2. 互补发展

长三角港口群的发展,带动了区域经济快速发展的同时,也带来了同质化竞争。舟山应实施错位互补发展战略,以形成与上海国际航运中心合作共赢态势。舟山港要发挥自身产业特点与资源优势,重点发展大宗商品储运中转加工中心、大宗商品的贸易中心和金融中心,与上海发展集装箱业务互补发展。加强海事服务基地和海事人才培训基地、国际海员俱乐部、交通物流公共信息平台中心、长三角旅游集散地等航运服务业发展,与上海航运服务功能错位发展。

3. 互通发展

舟山江海联运服务中心与上海国际航运中心联动发展要加强与上海国际航运中心互通发展,重点实现基础设施、航运信息以及通关政策等方面的互通发展。一是基础设施互通建设,加快铁路、高速公路、航道、跨海大桥建

设,推进长江三角洲地区交通网络一体化,加强舟山与长江三角洲其他地区的广泛对接。同时联合推进小洋山北侧陆域综合开发和洋山深水港建设,加强与宁波在陆向通道、供水、能源等重大基础设施建设方面的互联对接和统筹谋划。二是港口信息互通,建立长三角港口信息互通平台,发布港口的动态信息,激活区域现代航运服务业和现代物流的信息化应用。三要加强通关政策互通,推进口岸通关相关制度逐步与国际惯例和通行规则接轨,建立主动服务企业通关的高效互动工作机制,探索集装箱"一体化通关"的监管模式。

4. 互享发展

充分利用上海与舟山两地自贸区、新区政策优势,促进软环境建设互享发展。一是充分发挥自由贸易试验区示范带动作用,借鉴自由贸易试验区探索形成的经验成果,重点借鉴投资管理制度创新、贸易监管制度创新、金融制度创新、综合监管制度创新等。二是共享海洋经济发展的体制机制,加快打造扩大开放的平台和载体,陆海统筹,联动发展。高效整合陆海资源,广泛联系周边区域,构建陆海统筹的港口集疏运、能源供给、水资源保障、信息通信、防灾减灾等网络,努力实现陆海产业联动发展、基础设施联动建设、资源要素联动配置、生态环境联动保护,高度重视海洋生态环境保护和海洋生态文明建设。

(二) 促进舟山江海联运服务中心与上海国际航运中心联动发展路径

1. 港口物流体系联动发展

长三角地区拥有 7 个主要海港和约 20 个内河港口,是我国港口密度最大的地区之一。如何与上海国际航运中心港口群联动发展,构建科学合理的港口物流体系至关重要。

一是加快与长三角港口群的一体化建设。长三角各港口正积极进行港航产业和要素的整合、组织和集成,实现优势互补和分工合作。一方面舟山要积极参与跨区域港口合作,积极开辟与其他港口航班、航线的联系,吸引各大港口经营企业参与舟山港口物流投资、建设和经营。另一方面积极参与长三角港口管理部门合作发展联席会议等合作体制机制,推动舟山与长三角港口群建设一体化发展。

二是加强舟山枢纽港作用。舟山港是上海国际航运中心的重要组成部分,凭借资源优势和区位优势,在优化长三角地区的港口布局、弥补上海港和长江口航道水深不足与船舶大型化的矛盾、提高上海港以及长江下游诸港的整体竞争能力方面,可以起到至关重要的作用。舟山港要发挥枢纽港作用,进一步优化港口功能,增强江海联运服务功能。作为我国重要的对外贸易窗口和南北沿海运输的中转节点,也是长江航运的龙头和内河航运的重要枢纽,依托通江达海的优势,积极发挥对内对外的辐射与集聚作用。

三是深化港口物流功能。随着舟山群岛新区的建设发展,港口物流功能要从以往简单的装卸、集散货物为主的运输功能逐步扩展到仓储、货物分类、包装、加工、配送等新的服务领域,同时提高港口物流的集聚功能和综合服务功能。配合大宗商品储运中转加工中心、大宗商品的贸易中心和金融中心建设,进一步优化完善港口物流体系功能。

2. 集疏运体系联动发展

集疏运体系是港口赖以生存和发展的重要硬件基础,与港口服务业一起成为航运中心建设的重要支柱。集疏运体系作为连接港口与腹地的"大动脉",成为国际航运中心建设的重要组成部分,是舟山江海联运中心与上海国际航运中心联动发展的重要组成部分。

一是加强公路铁路规划建设。《浙江舟山群岛新区发展规划》提出"进一步推进连岛通道建设,加强与上海、宁波快速便捷的陆岛交通联系"。舟山要借助环杭州湾东方大通道,即舟山—岱山—大洋山—上海的海上陆路大通道的规划建设,加强公水联运和铁水联运。通过上海奉贤至嵊泗大洋山岛的公铁两用大桥、舟山本岛—岱山本岛—大洋山岛的跨海大桥建设,重点发展舟山—岱山—嵊泗公路通道和舟山—岱山—大洋山—上海的铁路及甬舟铁路。

二是突破江海不能直达的政策限制。由于海上和内河的水文条件、气候条件差异极大,海上航行的船舶对船舶的结构强度和稳性要求远高于内河船舶,我国交通运输部有关规定对内河船舶的航行区域有所限制,内河船舶不得进入海区。江海不能直达造成沿江运输必须在长江口进行二次换装,既增加成本,又制约沿江运输发展。舟山可借鉴新加坡港和中国香港港的经验,出台关于长江至舟山港区特定航线船舶检验和安全管理的相关规定,允许有条件的江船直达舟山,从而降低运输成本,推进沿江运输发展。

三是推动水水中转船舶研发应用。水水中转是长江航运最主要的方式之一,大力推进内陆河网、长江、舟山水水中转标准化船型及绿色节能船舶的研发、制造和应用。加大江海直达船的研究应用投入成本,将江海直达船型应用纳入长江黄金水道船型标准化补贴政策,允许企业通过融资租赁购买专业从事外贸货物运输的江海直达船舶,允许此类船舶采用自贸试验区内试点的新型船舶登记制度。

四是加强集疏运一体化服务系统建设。航运集疏运系统建设不仅是港口和不同交通运输方式基础设施等硬件建设,更重要的是对其中各个环节高效衔接的一体化服务过程建设。重点加强不同物流环节和不同运输方式转换过程中信息流、货物流和资金流衔接,优化集疏运路网和运输节点,提高道路运输效率,降低交通对环境的影响。

3. 现代航运服务体系联动发展

上海在国际航运中心建设中,航运服务业主要集中航运中上游产业,体现在金融、咨询、经纪、保险等要素市场的集聚,重点开展航运融资、海事保险、海事仲裁、海损理算、航运交易、航运咨询、公证公估、航运组织、船舶管理等航运融资及其管理服务业。舟山应借助自身特点与优势,加快发展国家战略物资储运加工、大宗商品交易、船舶修造、国际海事服务等服务业发展。

一是加强国家战略物资储运加工体系建设。作为石油、铁矿石、粮油等大宗散货的大型深水接卸中转基地,舟山在长江三角洲乃至长江流域中的作用日益重要,发展潜力巨大。打造大宗散货集散中心、交易中心,建设我国最大规模的大宗商品储备加工交易基地。增加国家原油战略储备与商业储备,扩大铁矿砂贸易储运园区和保税堆场,建设一批粮油、钢材、有色金属、煤炭、木材等大宗商品的储备基地、港航物流园区,完善大宗商品储运加工交易体系。

二是加强海事服务发展。加快发展以保税燃料油加注为核心的国际海事服务业发展,重点加快保税燃料油业务发展,建设国际性船用燃料油和天然气储存、混兑、供应基地,打造千万吨级加注能力的保税燃料油供应中心。加快海事人才培训基地、国际海员俱乐部等海事服务发展,建设航运人才培训和交流平台,构筑航运人才高地,促进集聚相关培训机构和功能性机构、培育航运人才。

三是提升航运服务体系的交易功能。充分发挥舟山矿、煤、油及粮食等大宗战略物资储备优势,发挥期货交易功能,拓展船舶交易、期货指数交易、运价指数交易等平台建设。研究设立期货交易所,争取组建国际大宗商品交易所,开展保税期货交易。推进进口大宗商品现货、电子撮合交易,探索中远期合约等交易方式。

四是大力发展邮轮经济。围绕舟山江海联运服务中心建设,积极引进大型邮轮公司,打造长三角区域邮轮经济品牌。邮轮经济是为长三角旅游经济的重要组成部分,通过油轮母港,规划和建设长江沿线、浦江沿线、钱塘江沿线,连接长三角沿江、沿海城市,为长三角区域服务。使邮轮经济既为航运服务业发展拓展新的增长点,也为舟山发展增添亮点,成为长三角区域航运服务品牌。

五、促进舟山江海联运服务中心与上海国际航运中心联动发展的政策建议

(一)加强航运服务基础设施建设

舟山在继续加强港口基础设施建设基础上,要做到:一是推进内河航道、铁路和空港设施建设,优化运输资源配置,适当增加高速公路通道,大力发展中远程航空运输,增强综合运输能力;二是完善航运集疏运网络建设,

加快推进全天候深水航道、锚地、港口作业船舶基地及各类港航配套设施建设,加快构建完善畅通的海上公共基础配套保障体系,全力支持长江流域海进江、江进海运输;三是促进与内河航运的联动,充分利用长江黄金水道,加快江海直达船型的研发和推广,从船舶技术和安全管理方面采取措施,推动舟山港、洋山深水港区的江海直达,大力发展水水中转。充分发挥上海港集装箱中心站及铁路通道作用的同时,做好东方大通道铁路上岛规划研究,逐步提高铁水联运比例。

(二)实现多种运输方式的信息化衔接

信息化建设在舟山江海联运服务中心建设中具有重要地位。舟山应该以上海港航 EDI 信息系统为技术支持,升级建设货物多式联运电子数据交换中心,在原系统主要承担外贸业务信息处理工作的基础上,大力发展国内多式联运的无纸化单证传输及其他数据交换业务,完善舟山与上海国际航运中心的信息服务功能联动,提高国际航运物流国内段的运输效率。

(三)完善现代航运服务发展配套支持政策

舟山江海联运服务中心要发展航运金融服务业,与上海国际航运中心联合制定船舶融资、航运保险等配套支持政策。一是积极发展多种航运融资方式,探索通过设立股权投资基金等方式,为航运服务业和航运制造业提供融资服务。允许大型船舶制造企业参与组建金融租赁公司,积极稳妥鼓励金融租赁公司进入银行间市场拆借资金和发行债券。二是制定相关税收优惠政策,积极研究有实力的金融机构、航运企业等在舟山成立专业性航运保险机构,并对保险企业从事国际航运保险业务取得的收入,免征营业税。积极研究从事国际航运船舶融资租赁业务的融资租赁企业的税收优惠政策,条件具备时,可先行在舟山试点。研究进出口企业海上货物运输保费的有关税收政策问题。

(四) 加速培养复合型的国际化高端航运服务人才

高端航运服务业是人才密集型行业,其核心是专业人才,主要体现在海事服务、航运金融、航运法律、船舶评估、航运咨询和航运信息服务等领域。舟山江海联运服务中心要发展高端航运服务业,在积极吸引国际人才的同时,还需采用多种方式加速培养复合型的高端国际航运服务人才,要鼓励国内大学与国际知名航运大学联合培养专业研究生,邀请新加坡、我国香港等相关领域专家来内地进行培训和指导工作,邀请国外相关航运服务专业公司来上海设立分支机构,鼓励国内相关专业跨学科交叉培养人才,鼓励已有一定经验业内人员再学习适应航运高端服务发展需要的知识与技能。

(五) 完善江海联运服务中心保障措施

完善江海联运服务中心发展的保障措施,优化航运发展环境。一是探索航运服务发展专项资金扶持政策。每年在地方财政中安排专项资金,用于鼓励航运及相关服务业发展。二是完善协调机制。进一步参与与国家有关主管部门、长三角地区、长江流域以及"一带一路"地区的交流合作机制。积极配合长江流域有关部门建立完善加强航运中心建设的协调机制。三是深化改革,促进市场化运作机制形成。按照产业融合的趋势,形成适应航运金融、航运物流等产业融合发展的监管制度框架,通过管理机构的融合来促进部门间的资源重组,推进航运与其他产业的融合。

第二节　杭州湾北岸与上海国际航运中心联动发展实践

21世纪是海洋世纪,我国高度重视海洋发展,海洋经济已成为国家发展战略的重要内容,海洋经济发展迎来了重要战略机遇期。杭州湾北岸区域是长三角区域"一核九带"重要组成部分,是上海国际航运中心的一部分,主要包括浙江嘉兴市的海宁、海盐、平湖和上海市的金山、奉贤、浦东临港地区。上海市域范围的杭州湾北岸区域(以下简称"杭州湾北岸"),主要包括奉贤、金山和浦东临港地区。

杭州湾北岸区域是上海国际航运中心建设重要承载区,有望成为上海"十三五"时期优化城市空间布局、提升产业能级水平、扩大对内对外开放的重要地区。加快杭州湾北岸海洋经济发展,有利于挖掘海洋资源和海洋空间,为上海国际航运中心建设提供重要的空间载体。

一、上海发展海洋经济的现状和总体趋势

(一) 海洋经济发展概况

近年来,上海海洋经济快速发展,连续多年海洋生产总值位居全国前三位。总体来看,上海海洋经济发展呈现以下特征:

一是海洋经济总量保持稳步发展态势,2016年全市海洋生产总值7311亿元,约占全市GDP的2.6%,约占全国海洋生产总值的10.4%,连续几年位居全国前列;初步形成了以海洋交通运输业、海洋工程装备制造业、海洋旅游业为代表的现代海洋产业体系。

二是海洋产业布局逐步从黄浦江两岸向长江口和杭州湾沿海地区转移,基本形成了以洋山深水港和长江口深水航道为核心,以临港新城、崇明三岛为依托,与江浙两翼共同发展的区域海洋经济格局。洋山深水港、外高桥港区已形成较大规模,长兴岛船舶制造基地、临港海洋工程装备制造基地初具雏形。

三是逐步形成了以海洋渔业、海洋船舶工业、海洋工程装备制造业、海洋工程建筑业、海洋电力业、海洋生物医药业、海洋交通运输业、滨海旅游业等为主体的主要海洋产业体系;并以此为基础,带动海洋设备制造业、海洋信息服务业、海洋技术服务业、海洋金融服务业、邮轮经济等优势产业和新兴产业的蓬勃发展。

四是海洋资源开发利用以保障城市空间拓展、改善基础设施、构建国际通信枢纽和服务重点产业发展为重点,建成了洋山深水港、长江口深水航道、海底油气管线、海底通信光缆、长江隧桥和东海大桥等一批重要基础设施。上海是亚太地区重要的信息通信枢纽,登陆的国际海底光缆有六大系

统10条光缆,承担了全国出口通信量的80%。

五是海洋产业结构不断优化,2014年上海市海洋第一、第二、第三产业增加值分别为6、2300、3910亿元,比重为0.1∶37.0∶62.9;与全国平均水平和其他沿海省份相比,上海海洋产业结构具有显著特点,海洋第二、三产业占绝对主导地位,占海洋生产总值的99.9%;特别是海洋第三产业在海洋经济中的比重不断提升,优势非常明显,在海洋经济中的比重高于全国海洋经济平均水平(48.8%)。

(二)海洋经济发展优势

一是地理区位条件优越。上海处于太平洋西岸,靠近世界环球航道,位于我国大陆海岸线中部,长江入海口和东海交汇处,优越的地理位置使其具有对内(沿长江上溯可以沟通长江中上游12个省市)、对外(通过海上国际航线与全球200多个国家和地区300多个港口相联系)的双向区位优势,具有沟通东西、承接南北、对内辐射、对外扩散的战略地位,是我国对外经济、文化、科技交流的窗口及我国重要的交通枢纽和对外贸易口岸。依托便捷畅通的内河航道、铁路、高速公路、空港设施和沿海运输网,拥有广阔的长江流域和长江三角洲经济腹地,具有建设国际航运中心和发展海洋经济得天独厚的地理区位优势。

二是海洋制造业基础雄厚。上海是我国民族工业的发祥地,也是我国重要的先进制造业基地之一,拥有良好的海洋制造业基础和能力,在高端船舶和海洋工程装备、船舶和海工装备配套设备、海洋新材料、港口机械、海洋风能设备、海水综合利用等领域门类广、基础好、发展潜力大,特别是拥有海洋制造业核心的船舶制造的雄厚基础和技术创新能力,拥有外高桥船厂、江南造船、沪东中华、上海船厂、振华重工、上海电气等一批在国内外有影响的高端造船和海洋工程装备制造企业,基本形成海洋船舶、海洋工程装备和船舶配套设备产业群,打造出了长兴岛、崇明岛和外高桥三大造船基地;全面掌握了散货船、油船、集装箱船三大主流船型优化设计方法,突破了30万吨超大型油船(VLCC)等高端船舶的设计技术和关键制造技术;具备了主流海洋油气钻采装备和海洋工程船的设计生产能力;成功研发制造了30万吨海上浮式生产储油装置(FPSO)、3000米深水半潜式钻井平台(海洋石油981)、350英尺自升式钻井平台、多缆物理探测船(海洋石油720)、VLCC、LNG船、"海龙号"3500米水下机器人、大型港机、起重铺管船、大型船用曲轴、60米干舱管道维修系统等一批代表我国先进水平的海洋船舶和海洋工程装备,并成功实现产业化。2014年,以海洋船舶工业、海洋工程装备制造业、海洋生物医药业、海洋设备制造业为主体的上海海洋第二产业增加值2318亿元,占全市海洋生产总值的37.0%,高于上海第二产业在国民经济中的比重(34.7%)。上海外高桥造船有限公司已成为我国现代化程度最高、管理最先进船厂,连续多年造船完工量名列全国第一、世界前十。

三是海洋服务业基础深厚。上海具有深厚的商业文化基础,拥有比较完备的金融市场体系、金融机构体系和金融业务体系,拥有先进的现代航运基础设施网络,拥有丰富的滨海旅游资源和海洋文化资源,以海洋交通运输业、滨海旅游业、海洋技术服务业、海洋金融服务业、海洋信息服务业等为主体的海洋第三产业具有良好的产业基础,发展迅速。"十一五"以来,国际航运中心建设由注重基础设施建设转入提升基础设施能力与发展服务软环境并举的阶段,集疏运体系不断优化,航运服务体系框架逐步形成,航运要素进一步集聚,航运服务功能加快提升,形成了北外滩、陆家嘴、临港等航运服务集聚区;2014年,上海港货物吞吐量7.88亿吨,集装箱吞吐量3528.5万TEU,均居世界首位。旅游人数位居全国沿海城市首位,成为国内最受欢迎的滨海旅游城市之一;设立了"中国邮轮旅游发展实验区",邮轮市场保持了连续快速增长的可喜势头,市场经营主体纷纷进驻,三大邮轮公司落户上海;邮轮旅游已成为上海旅游业发展的新亮点,邮轮母港建设步入良性发展轨道。航运金融服务异军突起,航运金融服务机构在沪集聚,航运融资服务能力不断增强,航运保险业务大力发展,航运衍生品交易探索发展;截至2012年年底,在沪金融机构对航运、船舶制造和港口管理等航运相关企业的授信总额为1518.63亿元、贷款余额为891.83亿元;占全球航运保险市场份额由2008年的1.2%提升到2012年的2.1%。

四是海洋科技教育和人才资源丰富。海洋经济是高科技产业,推动海洋科技进步,对发展海洋经济、提高海洋资源开发能力和综合管理能力具有重要的支撑引领作用。上海是我国海洋科研力量集聚地之一,海洋教育和科技研究学科门类齐全,拥有上海交通大学、同济大学等38家涉海院校,拥有一批科研院所、设计研究院、工程研究中心和企业研发机构,拥有海洋工程、河口海岸、海洋地质等海洋领域的3个国家重点实验室,拥有一批国家"863""973"海洋项目学科带头人和海洋科技专业人才,拥有丰富的海洋科技人才资源,在海洋基础研究、海洋船舶和海洋工程装备、海洋工程技术、河口海岸、深海钻探、大洋极地等领域具有较强的科技研发力量,在科研管理、科技攻关、技术集成、技术服务等方面具有优势能力,并且每年培养出大批海洋专业人才,为发展海洋经济提供优秀人才资源。

五是国家战略支持高地。国务院关于上海国际航运中心建设、国际金融中心建设、加快发展现代服务业和先进制造业的意见,《全国海洋经济发展"十二五"规划》关于上海海洋经济发展的功能定位,中国(上海)自由贸易试验区的战略部署为上海发展海洋经济提供了强大的政策支持,明确了上海海洋经济发展的定位和重点发展方向,是引领、带动和促进上海海洋经济发展的"引擎"。

由以上分析可以看出,凭借上海海洋发展的优越区位、产业基础和科技优势,在国家政策支持下,上海海洋经济发展趋势良好。在海洋产业发展方面,经济总量稳步提高,经济结构不断优化,产业体系趋于完备;在海洋产业布局方面,中心向周边地区转移趋势明显;在海洋科技发展方面,科研水平不断提高,科研应用逐渐加强;在海洋环境保护方面,陆源入海污染得到治理,海洋渔业生态得到修复,生物多样性得到保护,金山三岛等自然保护区建设得到加强。

二、杭州湾北岸区域发展海洋经济的条件和基础

(一)发展条件与基础

杭州湾北岸区域区位优势明显,海洋资源相对集中,滩涂较为广域,海

洋经济基础较好。

第一,地理区位优越。杭州湾北岸位于上海市南翼,东起南汇嘴,西至沪浙交界处,涉及浦东新区(原南汇区)、奉贤、金山三个区,陆域面积约2143平方千米(其中金山611平方千米、奉贤722平方千米、原南汇810平方千米),海域面积约1100平方千米(其中金山136平方千米、奉贤417平方千米、原南汇530平方千米),拥有海岸线95.3千米(其中奉贤42.7千米,金山24.8千米,原南汇27.8千米)。杭州湾北岸区域面向东海,通江达海,腹地广阔,紧靠长三角发达地区,是《长三角地区区域规划》提出"一核九带"总体布局的重要组成部分,地理位置优越。

第二,海陆联动空间大。杭州湾北岸区域土地资源丰富,为海陆联动提供广阔空间。作为上海南部尚未完全拓展的腹地,将成为中心城区产业梯度转移的重要拓展地,成为上海新一轮城市建设的亮点。同时根据国务院批复的上海海洋功能区划,到2020年上海市全市建设用围填海规模控制在2300公顷以内,杭州湾北岸可围填海面积广阔,空间拓展潜力巨大,将一定程度缓解城市发展空间不足和建设用地紧张的局面。

第三,海洋资源丰富。杭州湾北岸的沿海区域海洋资源种类较多,所在海域拥有便于物流业等发展的港口、航道、锚地、岸线资源,不断淤涨的江海滩涂、湿地资源;地区岸线资源相对集中。区域内海岸线总长度占全市海岸线总长的20.4%,是全市海洋岸线资源集中的重点区域;拥有独特的旅游资源、渔业资源、海岛资源、矿产资源;拥有提供清洁能源的油气管线;拥有较丰富的风能、潮汐能、波浪能等海洋能资源;还有中国第一座跨海大桥以及第一个国家级保税港和自由贸易试验区。

第四,海洋产业基础雄厚。杭州湾北岸海洋经济保持平稳发展,基础不断夯实。海洋经济总量持续增长,对全市经济的贡献率和带动作用较大。2013年,浦东新区主要海洋产业增加值约占上海市海洋主要产业增加值的1/4,外高桥港和洋山港集装箱吞吐量超过3000万标箱。奉贤区海洋经济总量较小,2013年海洋经济相关企业13家,实现总产值10.85亿元,仅占全区规模以上工业企业总产值比重的0.69%。金山区重点发展滨海旅游、海洋工程装备制造业、港口运输、海洋渔业等产业。2013年,金山滨海旅游区实现旅游综合收入34.28亿元,同比增长12.35%。在综合实力不断提升的同时,海洋产业结构也日益优化。通过产业规划、引导和扶持,三区海洋产业结构渐趋合理并各有特色,一产占比不断下降,二产快速发展,三产加快培育和形成。

第五,交通体系发达。随着东海大桥、杭州湾跨海大桥的陆续通车,以及申嘉湖高速、沈海高速、沪昆高速的联网贯通,杭州湾北岸地区(浦东—奉贤—金山)正成为长江三角洲沿海大通道的核心发展区域,交通区位优势不断凸显。

第六,沿海地区城镇化建设良好。杭州湾北岸地区城镇体系合理,分布了金山新城、南桥新城、南汇新城等三个新城和漕泾镇、山阳镇、金山卫镇、四团镇、柘林镇、奉城镇、竹林镇、海湾镇、南汇新城镇、万祥镇和书院镇等11个镇。给海洋经济发展提供充足的劳动力资源的同时,为集聚海洋高端人才和跨行业的复合型人才提供基础。

(二) 存在问题与瓶颈

目前,杭州湾北岸海洋经济还存在着一些突出的问题和瓶颈亟待解决。主要表现在:

一是产业能级较低。产业结构主要以海洋交通运输、海洋船舶工业、海洋工程装备制造、海洋渔业等海洋二产和一产等传统产业形态为主,海洋生物医药、海洋新能源、海洋金融服务等具有成长性、先导性和高附加值的战略性新兴产业所占比重较低,总体尚处于培育阶段。

二是海洋科技水平不高。海洋核心技术和关键技术等方面的自主创新能力薄弱,以市场需求为导向的科研应用项目较少,项目孵化能力和成果转化能力不强,上海雄厚的海洋科研实力没有充分发挥出来。

三是区域布局不合理。杭州湾北岸三区海洋经济功能定位重叠、产业互补性差,存在同质化竞争。例如,奉贤区的碧海金沙与金山区的城市沙滩仅距20千米,旅游功能、服务、业态相似,区分度不高。

四是资源和环境保护压力大。杭州湾北岸近海生物多样性有所降低,海岸带滩涂湿地面积呈减少趋势;由于缺乏统一规划,岸线资源开发利用效率不高,存在多占少用、占而不用的现象。此外,化工区的建设、滨海物流业的发展、航运量的持续增长,船舶溢油、化学品泄漏等对环境的潜在风险随之增大,不少区域生态系统处于不健康状态。

五是体制机制不完善。目前杭州湾北岸地区开发各自为政,缺乏顶层设计和统一的体制安排,海洋经济发展、海洋执法监管、海洋环境保护、海洋事务管理等有关部门的对接机制和协调机制尚未充分形成。

六是高端海洋人才缺乏。结构性短缺现象比较突出,海洋金融、保险、法律、仲裁、信息、经纪等高端专业人才和跨行业的复合型人才缺口较大,专门针对海洋人才的政策支持力度不够。

三、杭州湾北岸区域发展海洋经济的重点领域和重点区域

(一) 重点领域

按照《上海市海洋发展"十二五"规划》和《上海市海洋功能区划》的有关要求,结合中国沿海城市海洋经济发展情况和杭州湾北岸区域现状基础,瞄准世界海洋新兴产业发展趋势,本区域产业重点领域是:一是集中力量做大做强优势产业,重点发展海洋交通运输业、海洋装备制造业、滨海旅游业;二是加快培育海洋战略性新兴产业,特别是海洋生物医药、海洋新能源开发、海水综合利用等产业;三是改造提升海洋渔业,发展休闲渔业、精深加工和远洋捕捞;四是着力发展海洋现代服务业,以洋山临港航运综合服务发展区为核心,推进港区联动、港城联动、航运和金融贸易联动,大力发展航运金融、涉海商务服务、海洋信息等海洋服务产业的发展。

(二) 重点区域

杭州湾北岸海洋经济发展重点区域主要布局在临海十千米范围内,构成"一带两核三片多园"的海洋产业功能格局。

"一带"是指杭州湾北岸滨海旅游文化综合服务带。主要包括浦东滨海

地区、奉贤海湾旅游区和金山城市沙滩旅游区、金山三岛。滨海旅游文化综合服务带贯穿杭州湾北岸三区,以发展滨海旅游为契机,以功能提升为重点,通过旅游业的发展,提升区域配套能力,营造优质商务氛围,打造高品质的城市环境。滨海旅游综合服务带既是旅游文化产业发展带,又是提高区域综合实力的功能带。重点发展滨海旅游和海洋文化业,通过滨海旅游文化产业的发展,改善区域环境,提升区域品质,发挥旅游休闲、会议会展、文化教育、生态环境保护、居住等多种功能。

"两核"主要包括临港产业区和洋山港产业集聚区。临港产业区和洋山港产业集聚区是上海海洋发展战略中核心区域。要依托两大核心区域,提升杭州湾北岸区域产业能级,发挥产业引领作用。其中,临港产业集聚区:以海洋装备制造与研发产业为龙头,发展海洋高新技术产业。重点是开发海洋油气钻井和储存平台等海洋工程装备,与外高桥产业区联动,形成海洋石油采、储、运成套设备的制造能力。临港产业集聚区将发挥航运中心科技服务、海洋装备研发、海洋信息服务、海洋科技孵化、海洋文化创意五大功能,加快发展海洋油气、海洋新能源、海洋研发服务等新兴产业,增强海洋工程装备的成套技术能力。洋山港产业集聚区:以海洋交通运输产业为龙头,发展现代物流产业和航运服务业。重点是加快集疏运体系建设,扩大港口吞吐能力,优化运输资源配置,促进海陆联运、推动江海直达、大力发展水水中转;加快航运总部集聚,培育航运金融、航运贸易、航运保险等海洋经济服务业态。

"三片"主要包括临海海洋化工产业集聚区(化工片区)、星火海洋生物医药产业集聚区(星火片区)、海港现代物流产业集聚区(临港片区)。三片区集聚了杭州湾北岸区域内主要的战略性新兴产业,是上海海洋经济未来发展的重要支撑。其中,临海海洋化工产业集聚区(化工片区):延伸金山石化产业链,探索发展海水化工产业,推进海洋精细化工示范基地建设,打造生产装置一体化、废弃物处理一体化、管道传输一体化、专业化服务一体化的海洋化工循环经济产业园区。星火海洋生物医药产业集聚区(星火片区):充分发挥奉贤星火开发区在生物医药领域的研发和制造优势,联动周边的海湾大学城及科研机构,大力发展以海洋药物、生物工程制药和海洋保健品为重点的海洋生物制药业。海港现代物流产业集聚区(临港片区):充分发挥上海海港综合经济开发区(奉贤)物流仓储产业优势,接受上海国际航运中心洋山深水港和浦东国际机场航空港的"两港"辐射,大力发展物流装备制造业和现代物流业,构筑以仓储运输为重点、专业化为特色的现代物流体系。

"多园"主要包括区域范围内的和具备一定教育、科研、服务能力的园区。大学园区主要包括上海海事大学、上海海洋大学、华东理工大学、上海应用技术学院、上海师范大学等科研院所的教育和研发机构。重点推进教育研发产业集聚,推动海洋地质海底观测基地、加快海洋科技创新及其成果转化。科创园区主要包括临港海洋高新技术产业化基地、临港海洋科技创业中心(孵化器)、上海海洋科技服务中心、上海海洋科技创业园等项目,重点依托区内的教育和研发机构,大力发展海洋科技,推进产学研一体发展。服务园区主要包括上海化工园区、漕泾化工物流园区、金山港区等原有工业或物流园区。主要通过完善交流平台、研发平台、转化平台建设,发挥教育培训、海洋科技创新及其成果转化功能。挖掘原有工业区的产业优势,培育和完善海洋产业链,发展海洋装备制造、物流设备制造与维护等产业,服务海洋经济发展。

四、"十三五"杭州湾北岸区域发展海洋经济的目标和主要任务

(一) 战略定位

杭州湾北岸海洋经济创新发展区的战略定位:紧紧抓住世界海洋经济蓬勃发展和国际海洋产业布局加快调整的重大机遇,贯彻落实党中央关于"建设海洋强国"的总体要求,积极对接上海自由贸易试验区国家战略,坚持"聚焦、错位和合作"的指导方针,以海洋战略性新兴产业为重点,以海洋科技自主创新为突破口,以完善海洋管理体制机制为依托,以海洋教育和人才为支撑,争取经过五到十年的努力,将杭州湾北岸海洋经济创新发展区打造

成为长三角特色滨海旅游休闲度假区、我国海洋新兴经济先导区、国际海洋科教文化活动集聚区、走向深海大洋的战略区,为上海"四个中心"建设和实现海洋强市提供重要支撑。

我国海洋新兴经济先导区。积极顺应世界海洋资源开发技术发展的新趋势和国际海洋产业格局调整的新变化,以海洋高新技术为支撑,以海洋新兴经济发展为目标,提升海洋经济能级。以上海的研发和制造实力为依托,以海洋生物医药、海洋新能源开发、海洋文化创意、海洋金融和信息服务业、海洋工程装备制造、特色滨海旅游等产业为重点,积极抢占世界海洋新兴产业发展的制高点,培育和壮大海洋新兴产业集群,打造蓝色总部经济,优化产业功能布局。加强长三角海洋产业协调联动,将杭州湾北岸打造成为我国海洋新兴经济发展的重要先导区。

国际海洋科教文化活动集聚区。充分发挥上海海洋科教资源集聚优势,以区内涉海科研机构和上海市海洋科技研究中心等研发平台为支撑,以增强海洋基础性、公益性、前沿性、开放性研究为导向,不断提高海洋高新技术自主创新能力和海洋科技成果转化应用能力;积极举办以海洋为主题的各类会议、论坛、会展和海洋文化节庆活动,努力争取各类国际国内海洋组织及科研机构在区内落户或设立分支机构,不断完善现代海洋教育和人才体系,充分发挥国家对外海洋文化交流展示窗口作用,将杭州湾北岸海洋经济创新发展区打造成为国际知名科教文化活动集聚区。

走向深海大洋的战略区。深海远洋资源的利用成为世界海洋发展战略的重要领域,我国深海远洋方面的科技技术水平和产业发展难以适应国际海上权益与资源之争的形势。利用上海领先的科技研发能力和先进制造业优势,在远洋深海科技开发和装备制造方面进行突破,打造我国走向深海大洋的战略基地。重点加强深海海洋资源利用的科技水平,加强对多金属结核和富钴锰结壳、热液矿藏、可燃冰等资源开发技术研究,提高对石油、天然气、煤、铁等传统资源的勘探技术水平,促进开发相关的远洋配套装备制造业发展。通过走向深海大洋战略区的建设,缓解我国能源资源短缺问题,为我国的经济发展和海洋发展提供战略支持。

长三角特色滨海旅游休闲度假区。围绕打造世界著名旅游目的地城市的发展目标,上海抓住当前旅游消费需求升级的机遇,利用东海大桥、杭州湾跨海大桥、苏通大桥等沿海大通道建成的契机,以杭州湾北岸特色滨海旅游资源为基础,满足上海及周边人群短期度假休闲需求的目标。以加强海洋生态环境保护和海陆污染防治为保障,坚持错位竞争、凸显特色、精准营销,不断完善旅游基础设施和消费环境。大力拓展旅游产业链条,全面提升旅游服务和管理水平,将杭州湾北岸打造成为长三角新兴滨海旅游休闲度假区。

(二) 发展目标

到 2020 年,杭州湾北岸海洋经济创新发展区基本建成,成为具有世界影响力的海洋新兴产业集聚区和海洋科教文化活动高地。

总体发展目标:海洋经济总量显著提升,杭州湾北岸地区海洋生产总值预期为 6000 亿元(其中,主要海洋产业的产值预期达到 2500 亿元以上),占全市海洋生产总值的比重达到 50% 以上,海洋生产总值年均增长率力争达到 10%。

产业结构指标:海洋三次产业比例达到日益优化,海洋新兴产业增加值占比达到 50%,初步形成以海洋新兴产业为主导的现代海洋产业体系。海洋工程、海洋新能源开发、海洋生物医药、海洋金融服务业比重不断提升。区域年旅游规模达到 200 万人次。

科技创新指标:海洋科技创新体系基本形成,自主创新能力大幅提升,海洋科技研究中心等一批科技研发平台加快建设,科研成果依托金融市场加速转化,由"上海制造"逐渐转型为"上海智造"。每年举办海洋主题会议会展活动达到 10 场次,每年引进国际国内海洋组织和研究机构(含分支机构)达 5 家,每年引进高端海洋科研和管理人才 100 人。

生态文明指标:污染物排放总量得到有效控制,近岸海域生物质量总体状况良好,海洋生物多样性得到保护,海洋生态环境逐步修复,海域使用生态补偿机制基本建立。打造社会文明度高、环境优美、生活便捷的宜居环境,推进滨海特色城镇体系构建。

(三) 主要任务

第一，加强战略规划定位，服务区域海洋发展。以《长江三角洲地区区域规划》为基础，发挥杭州湾北岸区位资源优势，加快编制杭州湾北岸区域发展规划和杭州湾北岸区域海洋经济发展专项规划，明确杭州湾北岸区域总体定位和海洋发展总体思路，主动融入上海"四个中心"建设和全市海洋经济发展战略。重点规划沿海地区和沟通海陆的向内陆延伸的交通沿线，在海陆经济联动发展、海洋基础设施建设、海陆生态环境协调等方面进行突破与创新。

第二，构建创新体制模式，促进海洋开发管理。按照"创新驱动、转型发展"的总体要求，坚持海陆统筹，发挥市场在海洋资源配置中的决定性作用和政府的规划引导作用，加强市场活动监管和公共服务提供，创新突破海洋开发与管理政策，构建新型海洋管理体制机制，调整和完善海洋管理内部机构设置，强化涉海部门间的协调配合，形成区域性海洋行政管理协调机制，理顺管理职能与权责分工，体现互补、错位与合作共享，提高行政管理效能，形成促进海洋事业发展的合力。

第三，建立长三角合作平台，完善区县合作机制。构建合作机制与平台，理顺杭州湾北岸与长三角、与杭州湾南岸以及区域内各区县的关系。加强与长三角地区合作，重视海洋经济发展和环境保护等方面的协调沟通，协调海洋保护与开发，构建长三角海洋发展合作平台。加强与杭州湾南岸等周边地区的合作交流，发挥上海海洋资源禀赋特点，形成与周边地区差异化发展的海洋产业空间布局。完善区域内各区县的合作发展机制，实现三区联动，错位发展，优势互补。

第四，出台示范引领政策，加强海洋产业发展支持。研究制定海洋产业扶持政策，加大对海洋产业的支持力度，示范引领海洋经济发展。重点加大财税、金融扶持政策支持力度，推行专项资金设立、税收减免优惠、加大金融工具支持等政策支持；调节海岸带开发审批管理体制，统一规范海岸带开发活动，理顺土地与海洋开发之间的关系；形成多元化的投融资机制，促进各类资本参与海洋产业发展;健全财政保障体系,建立与银行等金融机构的合作,提高企业投入海洋经济发展的积极性。

第五,加强基础设施建设,完善海洋产业配套。加快杭州湾北岸基础设施建设,统筹规划,合理布局,促进海洋产业设施配套的逐渐完善和区域宜居水平的不断提高。加大海洋产业相关基础设施建设的财税支持,对产业发展所需的配套设施予以支持和保障。加强综合交通运输体系建设,形成港口与运河、铁路、公路和航空共同组成的综合运输体系。带动杭州湾北岸的整体发展,提高区域居民的居住环境水平和交通便捷度。

五、加快杭州湾北岸区域发展海洋经济的对策和政策建议

(一) 加强顶层设计,创新开发模式

加强顶层设计。立足区域层面总揽全局,统筹兼顾各方利益,围绕四大战略区发展主题谋划设计方案,通过区域层面的规划的制定,最大限度形成合力,促进杭州湾北岸区域海洋经济科学发展,同时为上海四个中心建设、科技创新中心构建以及上海产业转型发展提供持续动力。

完善体制机制。设立杭州湾北岸区域开发工作领导小组,由市海洋局牵头,联合浦东新区、金山区、奉贤区三区政府,负责杭州湾北岸区域工作整体推进过程中的重大决策、战略规划、统筹协调和监督考评。可下设海洋经济发展办公室,挂靠市海洋局,作为办事机构负责杭州湾北岸海洋经济发展相关事务的协调、联系、组织、管理等工作。

创新开发模式。切实转变政府职能,进一步简政放权,减少行政审批事项,重点加强市场活动监管和公共服务提供。充分发挥市场在资源配置中的决定性作用,支持包含国有资本、集体资本、民营资本、外资和混合所有制等各种性质的经济主体参与杭州湾北岸海洋经济创新发展区开发建设,切实降低市场准入门槛,最大限度激发市场活力。

(二) 加强区域协调和联动发展

推进杭州湾北岸区域与浦东新区、奉贤区、金山区的政策联动。杭州湾

北岸区域要与浦东新区、奉贤区、金山区未来的发展战略和发展规划做好衔接,争取浦东新区、奉贤区、金山区对杭州湾北岸区域海洋经济发展的高度重视和支持,在重大产业项目和工程布局、基础设施项目安排方面建立起长效的沟通协调机制,促进区域协调联动发展。同时,杭州湾北岸海洋区域也要积极争取区划范围内各新城、建制镇和园区的大力支持,做好项目落地和后续支持工作。

推进杭州湾北岸区域与浦东新区、奉贤区、金山区相关功能区域的政策联动。在充分利用浦东新区、奉贤区、金山区相关功能区域自贸区、开发区、高新技术产业园区等现有的各项优惠政策的基础上,充分借鉴市内其他功能区和产业园区的经验和发展路径,从产业发展、土地和海域使用、财政税收优惠、扶持资金等方面,统筹制定杭州湾北岸海洋经济发展的总体政策支持方案,实现点面结合、以面为主。

推进杭州湾北岸区域与长三角区域联动。加强杭州湾北岸区域与舟山群岛新区、杭州湾南岸地区等长三角其他区域的联动发展。通过政策联动,对接区域间未来发展战略和发展规划,在重大产业项目和工程布局、基础设施项目安排、海洋生态环境保护方面建立长效沟通协调机制,在海洋生态系统保护、重大基础设施、跨界滨海地区开发等方面加强信息共享和沟通协调。

(三)加强政策支持力度,推进海洋投融资模式创新

争取市级层面政策支持。围绕土地开发利用指标、行政审批、财政支持、产业集聚、人才引进、金融服务、基础设施、社会管理、重大活动支持等方面,在市级层面出台包含土地、产业、财税、金融、户籍等在内的政策和实施细则。

加大财税支持力度。设立海洋经济发展专项发展资金,逐步扩大资金规模。拓宽专项发展资金用途,用于符合海洋经济发展方向的企业扶持。安排一定规模的政府性资金用于支持海洋经济创新发展区重点项目建设等,对于区域社会事业发展项目,通过政府预算予以经费保障。

加强涉海企业融资支持。鼓励银行业金融机构加大对海洋经济重点领域、重点项目、重点企业的和海洋新兴产业信贷资金投放力度，发挥信贷优化资源配置、对海洋产业投资结构的引导和调整作用。加大产业投资基金的投资力度，推广海域使用权抵押贷款等多种抵质押融资方式，吸引国内外各类股权投资基金投入海洋经济领域。

（四）深入实施科技兴海战略，加强海洋科技和人才支撑

围绕海洋战略性新兴产业技术研发需求，重点建设技术研发公共服务平台。搭建海洋高新技术孵化、转化和产业化平台，开展以项目合作、科技攻关、成果转化和人才培养等为主要内容的产学研合作，形成政府、平台、科研机构、企业的联合联动机制。鼓励区内企业积极申报和实施各级财政支持的技术改造项目，支持科技企业申报、承担和实施海洋科技重大专项。积极吸引国家级的海洋科研机构、功能性机构以及国际海洋组织在区域内落户集聚和发展。

完善人才引进激励机制与政策。对于杭州湾北岸海洋相关企业、重点机构引进的紧缺急需专业人才和高技能人才，制定引进优惠政策和住房保障政策。用环境和政策优势吸引高端人才进行创新创业。对经认定的高层次创新创业人才，参照"千人计划"人选的政策，给予住房资助与补贴。

（五）加强海洋资源开发利用和生态环境保护

完善海洋资源开发利用制度。促进海洋资源市场化配置，健全和完善海洋资源有偿使用制度，探索建立统一、开放、有序的海洋资源初始产权有偿取得机制，推进海域资源、港口岸线资源、河口滩涂等海洋资源使用权通过竞争机制取得，促进资源有序开发和利用。开展金山三岛等海洋生态自然保护区总体规划和开发规划，推动自然保护区适度有序保护和利用。

加强海洋生态环境保护。推进杭州湾区域海洋生态环境合作治理。建立和完善沿杭州湾各省市海洋环境保护工作交流和情况通报制度，推进海洋环境监测合作，联合做好沿海地区环境保护。以《中华人民共和国海洋环境保护法》为基础,全面建立实施海洋生态红线制度,完善杭州湾海洋环境合作保护法律政策体系,制定配套的实施办法和细则。加强海陆联动治理,完善海陆一体的海洋环境补偿工作。探索全方位生态补偿,按照"谁排放,谁补偿"原则,对陆域污染源进行管控。建立健全排污交易机制,试行以污染行业和沿海区域为主体的多种形式的污染物排放交易机制。

第三节 南通滨海园区与上海国际航运中心联动发展实践

党中央、国务院高度重视江苏沿海发展战略,南通沿海发展是江苏沿海发展战略规划的重要组成部分。南通滨海园区是江苏省沿海发展中的重要增长极,是上海国际航运中心北翼重要构成。为此要充分发挥其在长三角和江苏沿海发展中的战略地位,整合南通滨海园区功能、强化海陆联动,高起点和高质量地开发南通滨海园区,深层次、宽领域对接上海国际航运中心建设和区域产业转型发展。

一、南通滨海园区形成的历史沿革与现状分析

(一)南通滨海园区形成的历史

南通滨海园区开发,最早始于2006年7月的通州滨海工业区建设。当时为了实施省委、省政府关于沿海开发战略,加快滨海园区的沿海开发建设,2007年经通州区委、区政府批准,建立通州滨海工业区。在黄海之滨辟出7.5平方千米的区域作为滨海新区启动区,实施道路、桥梁、水系建设,并逐步完善给水、排水、电力、通信等配套设施。2008年,工业区投入1亿元,实施海洋滩涂南区围垦工程,匡围面积1.2万亩。2009年4月为适应新形势下沿海开发的需要,通州滨海工业区更名为通州滨海新区。

2009年6月,国务院常务会议讨论并原则通过《江苏沿海地区发展规划》,江苏省沿海开发正式上升为国家战略。2010年2月,国务院批准了《长三角区域发展规划》,使江海交汇的南通沿海区域面临着前所未有的发

展机遇。2012年3月,为落实江苏沿海开发和长三角一体化国家战略,进一步强化区域统筹、集约资源配置、打造发展平台、优化产业布局,南通市委、市政府正式成立了南通滨海园区,通州滨海新区成为南通滨海园区的重要组成部分和先行区。

(二)南通滨海园区发展的基本现状

南通滨海园区处于我国的黄海区域的通州湾地区,具体位于南通东部沿海经济带的中部,上距洋口港20千米,下距吕四港15千米,起着承南启北、中部崛起、带动两翼的重要作用。通州湾(即腰沙—冷家沙区域)地理位置优越,资源条件优良,是江苏沿海最宝贵的开发区域之一,是南通市沿海开发的重点区域和前沿主阵地,将成为南通乃至江苏新的重要经济增长极。

南通滨海园区代管范围总面积约585平方千米,总体规划控制面积达820平方千米,其核心地域由三余镇、通州滨海新区、东安科技园区和三余镇的"两区一镇"三个部分组成。

南通滨海园区的陆域部分,包括南通市通州区的三余镇、通州滨海新区和如东县的大豫镇闸东村、东港村、东凌社区、如东东安科技园区的行政区划范围。南通滨海园区的海域部分,包括东安闸水道以南,海门与通州海域分界线(通海线)以北海域,简称腰沙—冷家沙海域。

1. 通州滨海新区基本现状

通州滨海新区,原为通州滨海工业区。2007年,通州区委、区政府批准建立。2009年4月更名为通州滨海新区,是南通滨海园区建设的重要组成部分和先行区。2011年8月前,通州滨海新区规划面积为100平方千米,2011年8月调整为120平方千米,其中陆域部分32.5平方千米,围垦部分70平方千米,海域部分17.5平方千米,拥有海岸线16.2千米,围垦结束后将达到40千米。近年来,滨海新区经济社会跃上新台阶。滨海新区是通州区委、区政府实施"一园三区"经济引擎的重点区域、沿海开发的前沿阵地,不断加快建设发展步伐,扎实开展招商引资和项目建设。

2. 东安科技园基本现状

东安科技园区，原为如东经济开发区东安工业集中区，于2006年8月在江苏省盐务局的原盐场地块成立，总体规划25平方千米。2007年年底，东安工业集中区改名为东安科技园区。2012年1月，东安科技园区与大豫镇实行一体化管理，成立如东循环经济产业园。

3. 三余镇发展的基本现状

三余镇位于南通市的通州区，长江入海口北岸，东临黄海，南依长江，属江苏省重点中心镇。三余镇前后大致经历了三次行政区划调整：1984年5月，南通县将三余镇、三余乡合并，成立了三余镇。2000年10月，通州市将三余镇与忠义乡合并，成立了三余镇。2007年2月，将三余镇原忠义乡的7个村划至东社镇，再与海晏镇、北兴桥镇合并，成立了现在的三余镇。目前三余镇全境面积185.47平方千米，人口12.3万，辖5个居委会和26个行政村。

三余镇自然资源丰富、产业优势明显、工业门类齐全，产业特色明显，经济发展势头较好。主要体现在以下几方面：交通便捷，进入1小时上海都市圈。三余镇区位优势明显，与上海的交通便利。从陆路交通看，省222线、金三线、江海大道、临海高等级公路（在建）穿境而过，是启东、海门、通州、如东四县市区沿海通道的重要枢纽；从水路交通看，团结河、三余竖河与通吕运河、长江相连，并在镇区交汇，随着崇海、崇启大桥建成，三余将全面融入1小时上海都市圈。

（三）南通滨海园区发展的基本特征

南通滨海园区发展的基本特征主要体现在以下几方面。

一是拥有长三角地区最丰富的土地资源。面对土地供需紧张矛盾日益凸现，南通滨海园充分利用滩涂资源，科学开发围垦滩涂资源，拓展经济社会发展空间。总投资7.4亿元实施重点围垦工程，建设新海堤14.3千米，匡围面积2.75万亩。三夹沙港区围垦建港口工程，正在进行前期可研和报批工作，为"开发通州湾、建设新港城"提供了强有力的土地支持。

二是启动完整、高端、多样化的规划设计。根据通州湾开发的战略构想,滨海园区重点开展了建港条件的可行性分析,展开了对滨海园区的各项规划进行了高起点的编制工作。先后完成《通州滨海新区总体规划》《产业发展规划》《中央商务区概念设计》《范公堤两岸规划》《国家一级群众渔港设计》《电子信息产业园和新金属材料产业园红线规划》等规划工作。在规划中展示了新区可供投资开发的多种项目。

三是构建了基础设施的大框架。为了改善园区招商环境,提高园区生活配套设施水平,园区进行了大量基础设施建设。其中滨海新区7.5平方千米污水处理厂主管连接工程铺设全面完工,10千伏供电工程已竣工,7.5平方千米的启动区内道路、水系、景观绿化工程启动,围垦南区11.2千米的水系建设已竣工,围垦南区11.5千米的道路、桥梁及涵洞开工,国家一级群众渔港一期主体工程已完成,二期清淤护坡正在施工,3180亩的土壤改良、森林公园(万顷良田)工程已通过阶段性验收,第二期2.6万平方米156套房的拆迁安置房竣工,园区各类软硬环境不断完善。

四是集聚了一批先进的制造业和临港产业。目前园区内已经聚集了一批先进制造业和临港产业相关的企业。在建项目15家,签约注册项目10家,竣工投产企业5家,总投资52.8亿元,重点发展了设备制造和新材料产业。其中,以江苏三友环保科技公司为龙头,重点发展新能源环保项目;以新纪元光伏玻璃公司为龙头,重点发展光伏太阳能系列产品;以荣大建材、华英建材公司为龙头,重点发展新型建材项目;以新濠河机械、新创立电子公司为龙头,重点发展机电产业项目。另有在谈重大项目24个,均为亿元以上项目。

(四) 南通滨海园区发展存在的主要问题

总体来说,南通滨海园区尚处于规划、起步阶段,还面临着诸多困难和问题。主要体现在:

一是生活配套问题亟待解决。目前南通滨海园区基础配套设施在积极建设中,但仍然处于起步阶段,园区内包括新区附近还没有建成医院、学校、银行、住宅等一系列配套设施。同时，能源供应系统、供水排水系统、邮电通信系统、环保环卫处理系统、防卫防灾安全系统等还不完善、健全。这都严重制约了人才引进、招商引资、企业生产与居民生活。

二是资源环境约束力增大。虽然南通滨海园区环保容量大，但随着石化与煤电等资源的日益稀缺、节能减排政策的日益收紧以及园区建设标准不断提高，通州滨海新区工业化进程受资源与环境制约的压力将进一步加大。

三是招商引资项目相对单一。从目前引入落户于滨海新区的企业来看，外资企业只占12.5%，大多数是本地企业，且大多是由家纺、食品加工之类的民营企业构成，引资项目十分单一。从经济发展角度看，这对推进南通工业现代化和农业现代化促进作用不明显。

四是园区企业规模相对偏小。一般来说，规模大、科技含量高的企业给当地带来的经济效益和社会效益是相当巨大的。但从南通滨海园区目前情况看，园区内企业规模仍然相对偏小。如南通滨海新区内投资基金在100万美元以上的企业占62%，在500万美元以上的占25%，在1000万美元以上的只占13%，总体规模相对偏小，不能很好地发挥企业对地方经济的促进作用。

二、南通滨海园区在长三角及江苏沿海发展的重要作用

（一）南通滨海园区发展的战略机遇

国家沿海战略地位日益突出，催生了南通滨海园区的快速发展。随着世界经济的持续发展，全球经济格局进入重要调整期，海洋经济作为未来开发的新空间、新资源，已成为世界经济发展的重要主题之一。沿海各国和地区都把"海洋强国"作为国家和地区的长期发展战略。我国海域范围广阔、海洋资源丰富，沿海地区作为推动全国经济发展的重要力量和对外开放的前沿阵地，具有巨大发展潜力。目前，我国已经相继批复了包括辽宁沿海经济带、天津滨海新区、江苏沿海经济区、长三角经济区、珠三角经济区、福建海峡西岸经济区、广西北部湾经济区等一系列沿海战略规划，国家沿海战略

布局成为国家发展战略的重要内容。这为南通滨海园区的规划布局创造了良好的宏观发展环境。

江苏沿海发展已上升为国家战略,加速了南通滨海园区的重要地位快速上升。江苏省沿海地区是全省最具发展潜力的区域之一,区内综合交通便利,区位优势独特,土地后备资源丰富,是长江三角洲的重要组成部分,战略地位极其重要。2009年国务院批复《江苏沿海地区发展规划》,这标志着江苏沿海开发已上升为国家战略,并为江苏沿海地区发展指明了方向。江苏沿海地区要建设成为中国东部地区重要的经济增长极和新亚欧大陆桥东方桥头堡。重点依托连云港、盐城、南通这三个中心城市集中布局临港产业,形成功能清晰的沿海产业带和城镇带。南通滨海园区作为南通产业布局的重点区域,将在江苏省沿海战略发展中发挥重要作用。

长三角转型发展,带动了南通滨海园区产业结构调整和优化发展。目前,长三角已进入陆域资源瓶颈期,迫切需要培育新的经济增长点,转变经济发展方式。海洋资源和海洋空间将成为长三角区域发展的新的空间和资源,也为长三角转变发展方式提供了新机遇。主要体现:一是充分发挥长三角两省一市海洋资源,优化调整长三角海洋产业空间布局,提高海洋经济内在质量。二是沿海大通道崇启大桥的建成使得上海北上的通道全面打开,江苏苏中、苏北地区逐渐融入上海1小时、2小时经济圈。进一步促进了长三角生产力的调整布局,有利于江苏大部分地区,特别是南通承接上海的产业转移。这对于南通滨海园区的产业结构调整带来重要的机遇。

(二)南通滨海园区发展的战略意义

南通滨海园区发展是长三角区域一体化发展的战略需要。海洋产业已成为长三角未来经济发展新的增长点,长三角区域一体化发展客观上要求区域海洋经济一体化,推动海洋经济生产要素的流动,促进区域海洋产业的发展。目前,从长三角海洋资源分布来看,各地区拥有的海洋资源既存在共同性,也有一定的互补性,地区间全方位、多角度的分工与合作已成必然。相对于江苏来说,承接上海的产业转移和实现港口互动对接,可以推动资源要素的流动和产业布局的优化,对促进长三角一体化发展具有重要的现实意义。南通滨海园区作为江苏承接上海产业转移和港口互动的重要布局地之一,其规划与发展是长三角区域一体化布局的关键点。

南通滨海园区发展是江苏沿海发展的重要战略支撑。南通作为江苏省沿海战略布局的重要节点,将对江苏沿海发展起到极大的推动作用。目前,南通滨海园区通州湾是南通市新一轮沿海开发的重点区域,也是市区由沿江向沿海拓展的战略抉择,对于南通市区和通州湾实现港产城一体化和江苏沿海发展具有重要意义。一方面,南通滨海园在接纳市区向沿海地区的产业转移和上海向江苏产业转移的同时,促进了产业转型升级和对江苏沿海开发的产业支撑。另一方面,滨海园区通州湾的开发打通了与市区和长三角其他地区的快速通道,为进一步形成大开发格局打下了良好基础。

南通滨海园区发展是发挥南通后发优势的关键所在。一是面对土地供需紧张的现状,南通滨海园区拥有相对丰富的土地资源和滩涂资源,通过合理地开发围垦,对开发通州湾、建设新港城提供了强有力的土地和空间支持;二是聚集了一批先进制造业和临港产业,重点发展设备制造和新材料产业,为南通产业发展提供了支撑;三是在国家和江苏省沿海战略布局的指导下,园区发展起点高、资源广,有效避免了发展中的困境和弯路,可以充分发挥南通的后发优势。

南通滨海园区发展是长三角区域海陆一体化发展的重要示范。随着基础设施、招商引资的持续推进,南通市沿江区域的产业逐渐向沿海转移,带动南通市区和通州湾连为一体,促进海陆联动发展。同时,通过滨海园区的产业优势,特别是海洋经济优势和港口的集聚扩散作用,带动内地经济发展和技术进步,实现海洋经济与陆地经济接轨。最终,在市场机制的作用下,使要素和产品在沿海与内陆之间自由流动,实现经济技术的梯度转移,带动整体区域经济的增长。这对我国的长三角区域的海陆一体化发展形成了良好的示范作用。

三、南通滨海园区与上海发展战略融合发展的总体思路

南通滨海园区要充分发挥区位条件优越、土地、港口资源丰富等优势，抓住国家沿海大开发和长三角一体化的战略机遇，实行陆海联动、对接上海，把南通滨海园区打造成为长三角上海国际航运中心的北翼重要核心枢纽港群、长三角沿海重化工业转型发展重要的产业承载区、长三角沿海大通道重要的人口聚居区，实现"港、产、城"融合发展。

（一）构建长三角上海国际航运中心的北翼重要的核心枢纽港群

南通滨海园区要与上海国际航运中心融合发展，构建长三角上海国际航运中心的北翼重要的核心枢纽港群。南通滨海园区对接上海国际航运中心，重点要实施"三个体系"共建，即共建分工合理的港口物流体系、共建优化整合的集疏运体系、共建现代国际航运服务业体系。

1. 南通滨海园区港口共建分工合理的港口物流体系

长三角区域目前拥有7个主要海港和约20个内河港口，成为我国港口密度最大的地区之一。南通滨海园区对接上海国际航运中心，构建科学合理的港口物流体系至关重要。

为了构建科学合理的长三角港口体系，南通滨海园区要配合上海国际航运中心建设中心枢纽港、干线枢纽港、一般枢纽港和地方性港口等层次结构合理的港口群体系。中心枢纽港是指在港口体系中服务范围、功能作用、各项设施和吞吐规模量大、功能最全，在空间处于中心区域，枢纽特征最明显的大型、超大型港口。干线枢纽港是指在长三角港口群中，功能比较齐全、区位条件好、服务范围广、发展潜力很大，除为本地服务以外，很大程度上承担着为长三角区域和沿海地区中转服务的干线运输的大型港口。一般枢纽港和地方性港口是指在长三角港口群中为本区域服务和兼为周边地区乃至长江流域服务的功能，而且规模较大，功能比较齐全的较大型港口。从南通滨海园区对接上海国际航运中心的战略高度，园区要与上海共同建设港口物流体系。

重点确立南通滨海园区的港口建设在上海国际航运中心集装箱业务的支线港和喂给港群体系。长三角已经形成一批远洋航线和通往上海的内支线并举的支线港口航线。南通滨海园区的港口建设要以上海国际航运中心的支线喂给港为目标，不断吸引长三角的进出口货物到南通滨海园区的港口来中转。南通滨海园区的港口作为上海国际航运中心北翼重要的港群，要建立科学合理的支线港和喂给港群体系，支持上海国际航运中心建设。

重点确立南通滨海园区的港口江海联运体系。南通滨海园区的港口要形成合理等级的海进江转运体系和顺应江海联运发展趋势，这是构建上海国际航运中心支线喂给港的重要基础。南通滨海园区的港口应利用自身有利的港区优势，增强海江联运体系建设，促进南通滨海园区的港口物流体系的结构优化。

2. 南通滨海园区港口共建优化整合的集疏运体系

南通滨海园区港口的集疏运体系是南通滨海园区赖以生存和发展的重要硬件基础，与港口服务业一起成为航运中心建设的重要支柱。集疏运体系作为连接港口与腹地的"大动脉"，成为国际航运中心建设的重要组成部分。长三角区域港口运输方式，在各类港口与腹地找到最优运输路径，是上海国际航运中心的支线喂给港的重要内容。南通滨海园区港口集疏运体系基本上要形成以水路集疏运为主体，公路集疏运为辅助的低能耗、低污染、高效率的综合集疏运体系，水路集疏运系统所占比例达到60%。

在共建优化整合的集疏运体系方面，南通滨海园区在硬件建设和制度创新要有所突破。南通滨海园区在硬件建设上，要加紧支线泊位与锚地的规划建设。上海国际航运中心集装箱泊位建设的速度远不及集装箱运输的发展速度，泊位缺乏，尤其是支线泊位缺乏的问题十分突出。南通滨海园区要抓住这一机遇，充分发挥港口资源丰富优势，积极建设支线泊位与锚地，为上海国际航运中心集疏运系统建设提供重要支撑。

3. 南通滨海园区港口共建现代国际航运服务体系

上海国际航运中心和长三角区域港口发展，对航运服务业需求剧增，尤其是在高端服务业上，重点是在航运融资、海事保险、海事仲裁、海损清算、航运交易、航运咨询等方面有较大需求。近年来长三角地区航运服务业发展迅速，但目前包括上海在内，一些国际航运方面的服务供给还是远远没有达到要求。

长三角已形成了以上海港为中心，以江苏、浙江两部分港口为两翼的港口总体布局，形成了中心枢纽港、干线枢纽港、一般枢纽港和地方性港口等4个层次的基本格局。南通滨海园区港口应发挥自身航运优势，根据码头、港口的功能分工，根据集装箱、散货、中转运输的特殊需求，明确航运服务领域，优化航运辅助产业结构，配合上海国际航运中心建设发展现代航运服务业，形成上海国际航运中心阶梯有序发展新格局。重点做好以下工作：

一是南通滨海园区与上海市各港区的联动发展。上海的北外滩、洋山深水港及临港新城和外高桥港区作为整个上海综合性国际航运中心的三大组成部分，在角色定位、功能定位上具有互不冲突、互不可替代性的互补性特点。洋山深水港、外高桥港区主要侧重集装箱吞吐能力和综合物流服务功能。北外滩主要集聚航运服务企业，打造国际航运中心软环境建设，实现错位发展。为此南通滨海园区港口应借助北外滩、洋山深水港和外高桥港区提供的高端服务功能，与上海港区联动发展，促进自身航运服务体系的完善。

二是建设北翼枢纽港群配套的航运服务业体系。以南通滨海园区港口为载体，建设长三角北翼枢纽港群，以国际集装箱、铁矿石运输、石油化工品、临港工业原材料和产成品运输的功能为主，提升国际航运服务业的高端服务业。通过产业转移和承接，建设与地区航运体系相适应的、区域结构合理、层次分明的航运服务业体系，形成航运服务业发展分工协作、互惠共赢的发展态势。

三是建设服务地方性港口的航运服务业体系。作为上海国际航运中心北翼重要的枢纽港群，南通滨海园区要为周边的一些地方性港口提供集装箱堆场、仓储、船舶代理、货运代理、报关、理货、内陆运输、船舶供应、船员劳务、码头等海运辅助业服务。

(二) 南通滨海园区要成为上海重化工业发展的产业承载区

为了加快转变经济发展方式,上海市在"十二五"期间重点发展战略性新兴产业和现代服务业等产业。将钢铁产业、能源产业等重化产业转移出去。南通滨海园区的规划建设,为率先提出为上海重化产业转移提供广阔空间和优质环境的设想。通过规划上海重化产业转移的承载区战略,利用原有的土地和围海造地,建立国家大型钢铁和石油化工基地,将成为南通滨海园区发展的重要方向。

1. 建立国家最大的钢铁生产基地

在上海新一轮的转型发展中,由于宝钢区域制造业发展占地大,交通道路拥挤,城市人口稠密、城市空间狭小、粉尘污染严重、生态环境修复困难,已不利于宝钢的规模化、深度化发展。宝钢的科技研发和总部的系统管理将会仍然在上海,但是宝钢的制造业的工厂和企业离开上海区域移师他地是早晚的事。为此,南通滨海园区的基本条件已经成熟,关键是要在规划建设中做好引入宝钢整体搬迁来园区的准备工作。

2. 建立国家最大的石油化工储备和加工基地

滨海园区建设石油化工基地,要大力发展石油储备、炼制和石油化业等产业,将其相对集中布置于特定区域,使其成为周边区域重化工产业转移承接基地,建成世界一流、我国最大的石化基地,为结束我国成品油和大量化工产品进口历史作出重要贡献。一是建立1亿立方米级油品储备、加工工程和1500万吨国际离岸燃油供应工程。按照国家整体部署,根据长江流域发展现状,在滨海园区规划建1亿立方米的商业原油储备基地,大幅提高我国能源安全保障能力。完善区域配套设施,建设综合服务基地,建设原油交割区。统筹釜山、新加坡港等过境船舶需求和岛屿岸线资源条件,在深水岸线资源最好的港口地区规划建设1500万吨级国际离岸燃油供应中心,开展离岸燃油业务。二是组建亿吨石化综合加工基地。依托优越的南通滨海园区航运体系,加大与全球知名的油气化大企业合作,完善基础设施建设,重点发展附加值高、产业关联度强、替代进口、填补国内空白的高端石化产品,逐步形成芳烃、烯烃、甲醇、化肥和精细化工产业链,建设国家原油和成品油储备基地。引进中石油、中石化、中海油等大型上市石化企业,培育和扶持国内炼化和加工企业,开发核心技术和专有技术,循环生产,发展绿色石化产业,重点发展石油炼化、精细化工及有机化学新材料,辐射建材、医疗、电子、装备制造等高新技术产业,加快产业整合,完善石化产业链条,推动产业集聚升级。三是建设大宗贸易油品平台。在南通滨海园区布局建设油品贸易交易中心。采取政府主导引进专业电子交易服务商,建立油品电子交易与物流集成化系统管理平台,企业自主参与油品交易,油品协会颁布指引守则。南通滨海园区内设立海关、保险、边检、金融、保险等服务机构,吸引检验检测、货运代理、航运咨询、船舶代理、船员劳务、报关服务、法律会计等国内外航运企业、物流企业在南通滨海园区注册。

(三) 成为长三角沿海大通道重要的人口聚居区

南通滨海园区在发展过程中,要借助建设国家级开发区的契机,以三余镇的成熟社区为依托,充分发挥江海资源、土地资源和大桥机遇三大优势,协调二、三产业发展,着力构筑以养老产业、体检产业、生态旅游、生活休闲产业为主的健康产业发展。全面接轨上海战略,建设长三角区域最适宜居住的健康城。

南通滨海园区临近上海,上海的产业结构调整和完善的城市体系,给南通滨海园区发展带来了重要的集聚与辐射效应。南通滨海园区如何抓住上海和长三角人口健康发展的先机,以长三角区域人口 1.4 亿人,上海人口将达 2300 万人为背景,抢先一步,率先接轨上海,融入长三角,塑造南通滨海园区健康城的新形象,整体调整南通滨海园区的功能定位和规划健康产业布局,加快完善南通滨海园区城镇体系、整合人口健康优质资源。南通滨海园区功能布局重点:

1. *发展健康养老产业*

南通滨海园区要对接上海老年人口迁移的态势,实施上海健康老年人口的后花园战略。南通滨海园区建设健康老年人口后花园的战略定位是:要将园区建设成为健康养老的全国性示范区,健康养老产业的全国先行区,最具特色的健康老年人的保健区。要成为健康养老服务培训的全国典型基地，最优秀的医疗保健护理人士集聚基地，健康养老医疗服务全国基地，最具优势的医疗服务机构入驻基地，使健康养老成为南通滨海园区发展的重要产业之一。

上海市老龄化问题严重，与日益严峻的老龄化、高龄化形势相比，现有的机构养老床位供给能力严重不足，养老公寓等老年服务设施的严重缺乏，使得老年人群生活质量下降。上海市已经将如何让庞大的老年人群生活更有保障、更有质量，作为社会发展的重要议题提到了议事日程。目前，上海许多区县已经逐步建立了各类养老服务的市场。老年人自费走进各类养老院和养老公寓，养老服务业随着老龄化的加快，养老服务市场需求旺盛，已成为一个新的庞大产业，养老产业被称为"银发产业"，已被列入 21 世纪十大产业之列，产业前景十分广阔。

南通滨海园区发展养老服务产业的具体实施路径如下：

一是构筑高质量的健康养老生活服务体系。南通滨海园区在发展养老服务产业，要引进多元化投资主体，加大健康养老基础设施的投入力度。引进多元化管理主体，通过市场化运作，重点为有一定经济基础的老人提供优质管理和服务。通过提升软件和硬件，形成投资主体多元化、服务对象重点化、运营机制市场化发展格局。

二是构筑新型现代健康养老医疗服务体系和相关中介机构。南通滨海园区在发展养老服务产业，要建立健康养老专科医疗中心，结合园区医疗卫生体系，形成以健康养老专科医疗中心为龙头，中西医结合，各类专科基本齐全，集医疗、教学、科研、预防、康复于一体的现代健康养老医疗服务新体系。依托上海市大专院校和大医院指导、协作，使医疗中心成为在全国老年专科方面有影响力的医疗机构。要加快组织创新，建立网络化的动态的健康养老服务组织系统。采取以服务性中介机构为核心，各种中介机构共同发展的模式。

三是构筑全国健康养老服务培训基地和养老服务人才体系。南通滨海园区发展养老服务产业，要引进或者与国内外知名高校合作，建立全国健康养老服务培训基地,打造健康养老服务品牌。要从外部引进健康养老服务的专家和带头人,以上海医学院校为核心,内部培养高素质的健康养老服务的专门人才,选派业务骨干到国内外发达地区进行业务培训。要加强老年人卫生保健信息系统和监控系统平台的建设,力争与上海老年人卫生保健系统实现对接。

2. 发展健康体检产业

人们生活水平及保健意识的提高,人们越来越认识到日常保健、定期检查对于健康的重要性。作为健康产业中的热点,体检业务正在兴起,体检市场前景十分看好,体检市场潜力巨大。长三角和上海的各大医院和社会上新成立的体检中心纷纷出现。南通滨海园区要借助长三角和上海具有良好的医疗环境和巨大健康体检市场这些优势,在南通滨海园区发展不同层次的健康体检产业,打造上海周边最具实力的健康体检中心。

健康体检已经成为上海和长三角重要的健康产业。所谓健康体检,就是指通过查病防病获取健康。统计资料显示,健康体检投资1元,可避免患重大疾病并节省10元。上海各级政府重视健康体检工作,长久以来列为政府公务员和企事业单位员工健康福利,在学生入学、就业和商业健康保险需要健检,中产阶层以上的健康体检要求更高。初步测算上海每年健康体检人数普通人群500万(500元/人),商务人群100万(1000—3000元/人),高端人群20万(5000元以上/人),每年约为50亿元健康体检的市场规模,需求目前正处在迅猛增长阶段。因此,南通滨海园区抓住临近上海的区位优势,可大力发展健康体检产业。从市场需求看,南通滨海园区发展健康体检产业应做到以下几点:

一是建立医检分离的健康体检中心。根据国内和上海的健康体检的市场分析,健康体检人群的市场是享有独立的产业空间,健康体检人群与患者是决然分离的。因此,健康体检人群在做健康体检所用的各类医疗仪器设备也与病患是分离的。这是一个国家和地区在医疗进步事业上的重要标志。从卫生部调查的数据来看,我国在专业健康机构体检的人数逐年递增,专业健康体检已经被越来越多的人所接受,"体检到专业机构、看病到医院"

将成为必然。越来越多的发达国家倡导"医检分离",体检已经从医疗行业中分离出来,成为一个较为独立的产业。世界三大健康体检中心——英国 BUPA 健检中心、日本 PL 东京健康管理中心、中国台湾美兆 MJ 诊所,都是独立的体检机构。BUPA 是英国最大的健康体检中心,BUPA 在英国共有 32 家健康体检中心,会员遍布世界 180 多个国家。"医检分离"的概念近两年也正逐步被国人所接受。园区发展健康体检产业正是依据国内外健康体检的发展态势,根据上海和长三角地区的特点,在南通滨海园区建立医检分离的健康体检中心。

二是建立横向整合、纵向开发的健康体检产业链。随着健康体检市场化发展,医检分离的健康体检体制的重大改革,健康体检产业链不断深化,将打破现有的健康体检机构格局。上海和长三角区域的健康体检市场将会重新洗牌。在健康体检机构上横向整合,共享品牌,形成规模效益,在健康体检产业链上不断深化,形成专科特色,健康体检将建立起网络优势。南通滨海园区要迅速抓住现有的健康体检机构格局的转型和调整的机遇,建立适合健康体检体制的重大改革的政府扶持环境,研究制定适合健康体检产业链深化发展的优惠政策。南通滨海园区要通过特有的专业渠道,进一步开发客户资源,向更深入的健康管理、增值服务等全方位发展。提供如 VIP 会员服务、健康家庭服务等多样化和差异化的服务。

三是建立健康体检与健康保险合二为一的新机制。南通滨海园区要在健康体检与健康保险的机制上有所创新。从国际惯例和中国国情看,国家医疗保险不会将健康体检列入医保范畴,体检费用还是由单位或个人买单,从某种程度上来讲,制约了健康体检机构整体推进的速度。在南通滨海园区的健康体检中心,应该创新健康体检与健康保险合二为一的新机制。如果有第三方商业健康保险为部分客人买单,将极大推进南通滨海园区健康体检和健康保险双方的市场规模。国内外大型连锁健康体检中心和健康保险公司将通过南通滨海园区健康体检与健康保险的新机制,来园区投资和规划发展,实施资源优势互补,南通滨海园区将建立这两个行业的整合平台,是健康体检与健康保险双方最好的选择,必将极大推动南通滨海园区的健康体检与健康保险等行业的发展。

3. **发展健康养生和健康医疗产业**

南通滨海园区依托健康养老和健康体检产业,拓宽、延伸健康产业链,积极发展健康养生产业和健康医疗产业。

一是健康养生产业。在南通滨海园区规划生态旅游、休闲度假区,发展以旅游、休闲健康等为主导的中医保健、理疗康复、慢性病调养、专家咨询等主题健康养生产业。建设上海和长三角一流的理疗康复中心,做大做强南通滨海园区养生健康产业。二是健康医疗产业。以医疗服务、健康养护服务为核心业务,以医学科研、医学教育为技术和人才支撑,以国际化、集团化、标准化、信息化为运营模式,全面建设涵盖医疗服务、健康养护、医疗科研、医疗教育、健康管理、健康保险、医疗地产等诸多业务领域,面向国际化的医疗健康产业。最终实现"以医疗服务提升人民健康,以健康生活促进社会发展"的远景目标。

第四节 上海国际航运中心邮轮经济发展探索与实践

一、邮轮业发展的历史渊源及现状[①]

(一)邮轮业的国际化

首先世界邮轮航线的区域现在已经遍布五大洲、四大洋。根据世界地理和国家地区分布的特点,可以将全球邮轮旅游的目的地分成6个区域。北美地区是邮轮市场最大、航线最成熟的地区。该地区主要由阿拉斯加地区、北美东北部地区、墨西哥太平洋地区和加勒比海地区这几个不同的区域组成,其中北美加勒比地区因为相邻港口和岛屿观光点众多,成为全球第一

---

① 以下两个章节部分来自上海市宝山区商务委暑期优秀大学生调研课题报告《世界邮轮母港周边商业配套设施比较研究》,指导老师:李小年教授,本节作者:上海大学经济管理系研究生陈旭阳。

大邮轮市场。紧随北美邮轮市场之后的就是欧洲邮轮市场。作为邮轮的发源地,欧洲融合历史、建筑、美食等于一体。除了像瑞士这样的极少数内陆国家之外,绝大多数欧洲国家都能通过海上航线和水路到达的优势使之成为各国游客乘坐邮轮游览的又一个极好的选择。在欧洲地区邮轮航线具体包括地中海地区、大西洋沿岸地区、爱尔兰、英国和北海地区、波罗的海地区。北美洲地区和欧洲地区是当今邮轮发展水平最高的两个地区,世界近一半的邮轮航线都集中在该区域。除了这两个地区之外,世界邮轮航线还分布在中美洲和南美洲地区、太平洋地区、亚洲地区和非洲地区。所以世界上几乎所有的国家和地区已经都被包括在各条邮轮路线中了。

其次,因为邮轮旅行线路已经遍布世界各地,与之相对应的,在世界不同地区的规模不同的邮轮公司也如同雨后春笋一般地建立和发展起来,进而也使得来自世界不同国家和地区、不同语言肤色及文化背景的人们纷纷加入广义或狭义的邮轮产业中间去,这种现象及发展的趋势也势必对邮轮业、邮轮经济的发展和邮轮产业链的不断拉长起到促进的作用。目前在 CLIA(国际邮轮协会)登记的邮轮公司有 56 家,而在这些登记的邮轮公司之间,各自的实力也是相差巨大。其中有三家大型邮轮公司(嘉年华集团公司[①]、皇家加勒比邮轮集团公司[②]和丽星邮轮集团公司[③])掌控着全球邮轮市场高达 78%的份额,呈现出了明显的寡头垄断的特征。除此之外,还有为数众多的邮轮码头分布在从北美洲、欧洲、亚洲,以及非洲的各个国家和地区,从地图上看它们就好像遍布全球各地的邮轮航线网络中的一个个节点。

[①] 嘉年华集团公司是目前世界最大的邮轮集团,由英美合资,拥有 13 条航线、12 个品牌、77 艘邮轮,占有全球邮轮市场 46%的份额,并拥有 12 家子公司。

[②] 皇家加勒比邮轮集团公司是一家全球性经营的世界第二大邮轮集团公司,拥有 40 艘邮轮,总计 2912262 吨,共 36911 张床位。集团下属的皇家加勒比邮轮国际有限公司旗下包括 3 个邮轮公司。

[③] 丽星邮轮集团公司成立于 1993 年,是"亚太区的领导船队",以推动亚太地区邮轮旅游的发展为目标,为东南亚发展成为国际邮轮旅游区发挥了重要作用。其特别针对亚洲旅行者设计了一套新的旅游产品,因此丽星邮轮所有航线均以优质精致的服务赢得了亚太地区服务业最高标准的荣誉。(王诺:《邮轮经济:邮轮管理·邮轮码头·邮轮产业》,化学工业出版社 2008 年版,第 34—39 页)

(二) 邮轮业的大众化

如今选择邮轮外出的人早已不再局限于人们脑海中的巨商和富贾们,由于人们经济消费能力的不断提升、受教育水平的不断提高以及生活方式的不断改变,越来越多的中层收入者也加入邮轮旅游的队伍中间来,其数量的稳步增长也将是未来发展的一个趋势。据 PSA(公共事业管理协会)统计,亚太地区的中产阶级占了邮轮市场的约 83% 的份额,欧美地区的游客分别占 5% 和 4%。据香港专业人士预测,亚太地区的载客量将会每年持续增长 3.2%—4.9%。所以从这个统计数据中也可以看出未来国际主要的邮轮市场将向亚洲东移,亚洲各个新兴经济体中的那些受过良好教育的、处于中年的中产阶级者将是亚洲邮轮市场的主力消费者。

消费群整体素质的改变从某种意义上来说至多只能算是外部原因,真正的导致邮轮这个产业朝着大众化发展的动力是什么呢?

从 Sun 等人(2011)对于邮轮产业的营销和收益最大化的研究综述中可以找到这个问题的答案。随着邮轮产业的蓬勃发展,越来越多的企业进入这个行业,而这个行业,前文中已经提到是一个寡头垄断行业。一开始由于竞争者数量的增加导致竞争加剧,于是各邮轮公司为了增加自己拥有的游客数量,便采取打折销售的方式以吸引游客。但是这样做又产生了新的问题:那些对价格敏感的邮轮旅客现在因为价格的下降而成为邮轮业中的消费者,他们的进入使对价格不敏感的原本邮轮游客从心理上感到所受服务质量下降;同时从邮轮公司的角度来说,打折固然增加了他们的客源人数,但是对于那部分对价格不敏感的客人来说他们是愿意支付打折以前的较高价格的,而现在打折让邮轮公司损失了邮轮的这部分差价费用。如何解决这个问题而同时又拥有更多的客人呢?通过对国际知名邮轮公司旅客的调查发现,决定他们选择某家邮轮公司的因素主要是公司品牌和服务质量,所以通过提供差别的服务来进行差别化的定价,也就是制定歧视价格的方法可以解决所面临的难题。而且邮轮和飞机的订票流程相似,从开始订票到乘坐邮轮中间所隔的时间往往比买票坐飞机更长。所以这是完全行得通的,此外邮轮上不同位置、不同大小的房间之间的价格也会有巨大的差别,其差别程度也大于飞机。

通过上述的经济学解释就能够说明,是什么力量真正推动参加邮轮旅行人数的逐年上涨。同时通过这个解释,也能明白各大邮轮公司不断追求推陈出新、优化和改进自己的服务和设施的真正动机。

在过去的二三十年里,随着邮轮业迅速的发展,其中最直观和根本的变化就是邮轮的尺寸和规模的变大,有一些邮轮已经达到了 15 万吨、能够容纳 5000 多名游客的规模。一旦具有了如此大的空间,邮轮上进行富丽奢华的装修和提供令人满意的餐饮娱乐就成为可能,而且新造邮轮的数目也不断增多。①

(三) 邮轮业的产业化

可能大多数人都会认为邮轮产业其实就是旅游业中的一个分支或者一个方面,但是事实恰恰相反。它比传统的旅游产业包含的内容更加丰富。何建民(2010)参照联合国世界旅游组织(UNWTO)倡导的旅游统计的国际标准—旅游卫星账户的原理,认为旅游业概念的界定应该是以受旅游需求活动的影响作为标准的。根据受旅游活动影响程度的大小,可以将旅游产业划分成旅游特征产业以及旅游关联产业两个部分,也即一般所说的广义与狭义旅游业两类。② 而邮轮产业是指以邮轮为核心,以海上观光旅游为具体内容,由交通运输、船舶制造、港口服务、旅游观光、餐饮、购物、银行保险等行业组合而成的复合型产业。正是因为旅游业是一种限定在为游客提供

---

① 在 20 世纪 80 年代,建造了将近 4 艘邮轮新船;在 90 年代,建造了将近 80 艘新船;而从 2000 年到 2009 年,已经建造了超过 100 艘新船;2010 年有 12 艘新邮轮进行建造。(资料来源:http://www.cruising.org/pressroom-research/cruise-industry-source-book/profile-us-cruise-industry)

② 广义的旅游业包含游客从出发地到目的地再到出发地之间进行的一切旅游活动所涉及的行业,即通常所说的信息、行、游、娱、购、食、住等行业;而狭义的旅游业是指为游客提供必需的旅游服务的核心旅游行业,所谓的核心旅游行业包括旅行社、饭店业、旅游景点区和旅游车船队。(资料来源:何建民:《外资进入中国旅游业的现状、趋势及对策研究》,上海财经大学出版社 2010 年版,第 2 页)

游览、住宿、餐饮、交通、购物、娱乐、信息等服务的综合性产业,所以即使广义的旅游业所包括的各个相关产业,也仅仅是邮轮产业中的一部分,旅游产业从某种角度上来看的话是邮轮产业的一个子集。

邮轮产业与旅游产业的交集产业主要包括餐饮、住宿、交通①、金融财产、医疗和保险等方面,除此以外诸如代理、仓储、电子、化学等属于第二产业的各种行业虽然不能划归在旅游行业中,但是对于邮轮产业来说十分重要,尤其对于邮轮母港城市来说是不可或缺的。所以也可以说邮轮产业是集运输业、观光业、休闲业及旅行业等众多行业于一身的一种经济产业。

而且从这些行业的地理位置分布来考察,同样以发展最成熟的北美地区邮轮产业的相关行业设施为例,其非常明显的特征就是这些邮轮配套产业都是紧邻邮轮母港,几十分钟的车程便可迅速地到达,商业和服务业的设施更是能够十分方便地获得。从某种角度来说,也正是时刻以安全、高效和便捷作为港口周边商业设施规划和建设的宗旨,北美的邮轮母港的建设运营才能达到今天这样的高度。

北美地区共有 23 个邮轮母港,是目前世界上邮轮港口最为集中的区域。其中美国的迈阿密能够作为"世界邮轮之都",不仅是因为其拥有 12 个超级邮轮码头、2000 米的岸线和深达 12 米的泊位,周边十分容易获得的这种邮轮产业相关配套设施也起着十分重要的作用。总体来看,迈阿密邮轮母港周边的各种商业配套设施均是以港口为中心,向外发散,离母港越近商业设施分布得越密集;随着与母港距离的增加,分布就显得越来越稀疏。这一分布规律应该也是其他邮轮母港的商业配套设施所具有的共性。

该港口具体分布的商业配套设施从种类上来考察的话,主要有:宾馆、

---

① 只有快速便捷的交通运输网络才能使当地的其他邮轮产业中相关的各个行业得到更加充分的利用,才能带动当地的邮轮经济更好地形成和发展。从这个角度看的话,交通设施是邮轮母港发展邮轮产业的基础设施中的基础设施。

餐厅、休闲娱乐设施、金融服务机构和交通网络。设施主要还集中在旅游消费类的范畴，这可能与人们普遍的认识有关，但是从中也可以得出这样的结论：在邮轮产业链上的不同行业中间，虽然有化工、电子等第二产业的行业存在，但是真正要使这些行业能得到邮轮业发展多带来的正面影响和推进，还是需要依靠邮轮港口附近的邮轮业整体发展水平都上升到一个阶段，在自身拥有一定实力，把当地邮轮产业链真正地"拉长"以后才能实现的。因为国际邮轮产业链基本上由三个环节构成：处于上游的邮轮设计与建造；处于中游的邮轮本身的经营；处于下游的码头区域的配套建设和服务。而对于处于发展邮轮产业初级起步阶段的港口地区或者占绝大多数比例的挂靠港[①]地区而言，发展邮轮产业最直接、最显著的表现的确是这些所谓的交集产业，也即位于邮轮产业链的下游行业。只有当港口当地通过在不断做大做强这些交集产业的同时使邮轮港口的实际营运能力得到提升，从一个一般的邮轮停泊港转变成邮轮母港[②]之后，最终才能极大地带动邮轮港周边的各种行业，提升当地的经济发展水平。

实际地来说，因为邮轮港周边遍布着各种价格不同、风格各异的宾馆、旅店、餐厅和金融服务机构，不但让消费者极其方便地满足自身的需求、产生宾至如归的感觉，而且商业设施及服务的供给多样化和差异化让更多的人愿意消费，扩大了消费群，这便促进了当地的经济产业的发展。除此之外，大量相似商品和服务的提供经营商集中在邮轮母港周围这一片面积有限的空间内相互竞争，长此以往必然会导致优胜劣汰，这对当地产业结构的调整和产业经营竞争力的提高是非常有帮助的。与此同时，由于邮轮周边商业的发展，产业结构的不断深化，消费对象的模仿变得越来越容易，消费者的消费需求也不断提升。各大邮轮母港在关注餐饮、酒店住宿这一类普

[①] 挂靠港是指能够停泊邮轮但没有设置专用泊位及相关码头设施的港口，通常只供临时或短时间的停留。（资料来源：王诺：《邮轮经济：邮轮管理·邮轮码头·邮轮产业》，化学工业出版社2008年版，第23页）

[②] 邮轮母港指邮轮出发和返程并进行后勤补充和修整的固定地点，也是游客的集散地，不仅拥有包括定期和不定期停泊大型邮轮的码头，还具备配套设施齐全、相关产业发达、旅游资源丰富的城市及其周边区域。（资料来源：同上）

通的商业服务之外,也会更加重视开发出具有自身特点的其他服务产业。于是像港口周边独特的历史文化名胜和地方文化的保护和开发就成了大多数邮轮港进一步吸引游客的方法。如在迈阿密港周围就分布着博物馆、艺术馆、剧院、纪念碑、城市公墓等场所,并且离其不远的洛杉矶就是著名的好莱坞所在地。此外,迈阿密所处的独特地理位置也造就了独具风格的社群和文化,这些软实力在激烈的国际邮轮业竞争中逐渐地发挥出作用,让邮轮港由小变大、由弱变强,可持续地经营发展下去。而便捷的交通网络的建成也为扩大邮轮经济的影响区域和延长邮轮经济的产业链提供了保障。①

王诺在其著作中总结归纳出邮轮产业的四大特点:(1)经济要素的集聚性;(2)旅游产品的网络性;(3)服务对象的全球性;(4)文化的多元性,十分准确地勾勒出了邮轮产业的面貌。通过"拉长"邮轮产业链中处于不同位置的邮轮产业,就能形成互相依托的经济现象——邮轮经济。

(四) 邮轮经济产业链

一个国家想花大力气发展本国的邮轮业,归根到底还是由于邮轮业带来的经济效应。所谓邮轮经济就是指由于邮轮产业的发展而推动、拉动相关产业的发展,最终形成多产业共同发展的一种经济现象。同时如果要细化"邮轮经济"这一概念的话,它又可以分为广义和狭义两种,狭义的邮轮经济是由邮轮抵达之前、抵达、停靠、离开邮轮码头时发生一系列的产品与服务交易所形成的。姜秀敏在狭义邮轮经济定义下将邮轮经济中出现的主要支出的构成列成了表格形式,通过下表,能够对邮轮经济带来的一部分与旅游业相关的行业的经济效益有个较为清晰的了解。

---

① 迈阿密本身包括数百个自然的或人工的屏障式的群岛,迈阿密港就是建在一个岛屿上面,如果没有链接岛与岛之间以及岛与本土之间的交通网络,那么邮轮码头的经营和邮轮旅客的上下船将十分不便,这也必定极大地制约其进一步发展。迈阿密港意识到了这一点,链接区域内各处的公路以及高速公路在让出行变得方便的同时也为其带来了商机和财富。同时区域内还建设有国际机场,方便游客的往来。

表 7-1　　　　　　　　邮轮经济的主要支出构成

支出主体	消费类型	产业分类	收益层面
乘客支出			
到达/离开邮轮所在区域		运输业	国家
市内交通		运输业	地区
附加费用	住宿	宾馆业	地区
	就餐	餐饮业	地区
	购物	商业	地区
	观光	旅游业	地区
港口消费	就餐	餐饮业	地区
	观光与旅行	旅游业与运输业	地区
	购物	商业	地区
邮轮公司支出			
港口支出	政府费用	政府服务	国家
	码头费用	运输业	港口
	进出港口引航费	运输业	港口
补给	备用品与补给品	商业	地区
	燃料	石油加工业	地区
	废物与废水处理	服务业	地区
船员消费	本地船员消费	多种产业	港口
	外国船员	多种产业	地区
邮轮维护与修理		造船业	地区
本地市场营销		服务业	地区
税收	收入税		国际与地区
	关税		国家

资料来源：国务院发展研究中心：《邮轮经济——港口都市的一个重要增长极》，姜秀敏：《上海邮轮经济发展的潜力研究》，2006年9月。

但是作者认为狭义概念的"邮轮经济"并不符合当今的现实情况，广义的"邮轮经济"概念更符合当今的需要，主要包括邮轮建造、邮轮码头区域的

第七章　上海国际航运中心发展中的理论探索与实践 / 169

相关产业以及其他诸如零售、代理等产业,是涉及种类众多相关门类的一个产业集聚发展类型。① 大力发展邮轮业对拉动沿海城市经济产业的快速转型和发展会起到重要的作用。

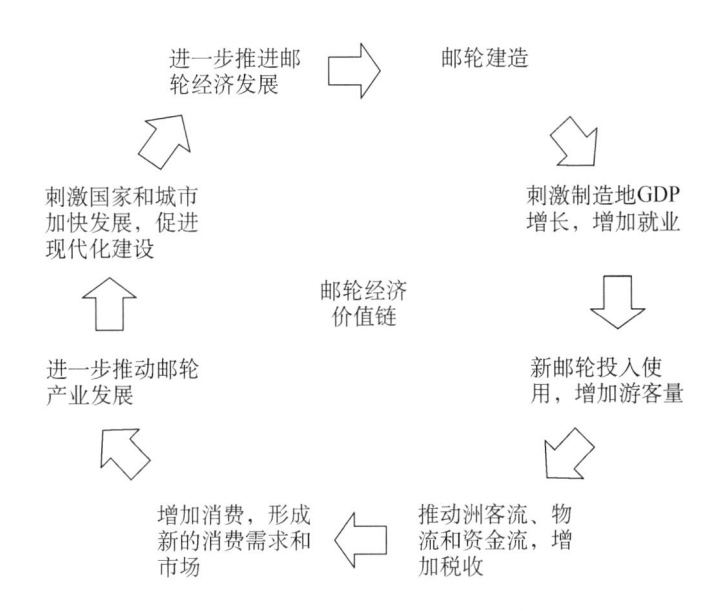

图 7-2　邮轮经济价值链及相互关系

资料来源:王诺:《邮轮经济:邮轮管理・邮轮码头・邮轮产业》,化学工业出版社,2008年版,第11页。

在下表中,以美国为例可以看到,繁荣的邮轮产业为其在商品产业、服务产业的良好经营及发展提供了坚实的需求保障。即使在全球金融危机的影响下,从2008年开始统计数值有所下降,邮轮本身的运行开销的增长率在2005年至2008年间也始终大于2%;同时由于美国国内邮轮产业已处于成熟阶段,即便受到外部经济因素的打击、邮轮旅客和从业人员数的年平均增长率不断变小,还是有相当数量的游客和从业人员,这无疑也会给美国经

---

① 具体而言,除了包括船舶建造及其维护、邮轮运营、码头服务、中介代理、餐饮住宿、景点观光、综合交通、金融保险、文化娱乐、教育培训等一系列直接相关的产业外,还包括政治文化形态、法律制度、劳动就业、环境保护等对社会和人们生活品质能够产生直接和间接影响的多种无形经济要素。(资料来源:王诺:《邮轮经济:邮轮管理・邮轮码头・邮轮产业》,化学工业出版社2008年版,第11页)

表7-2　　　　　　　美国邮轮业的经济贡献(2005—2009年)

	2005	2006	2007	2008	2009	年平均增长率(%) 2005	2006	2007	2008	2009
美国邮轮旅客(单位:百万)	8.61	9.00	9.18	8.96	8.90	6.3	4.5	2.0	−2.4	−0.7
直接经济影响										
游客和邮轮的开销(单位:十亿美元)	16.18	17.64	18.70	19.07	17.15	10.0	9.0	6.0	2.1	−10.1
就业(单位:人)	142720	153863	158376	155020	134494	5.6	7.8	2.9	−2.1	−13.2
工资(单位:十亿美元)	5.19	5.74	6.01	6.14	5.48	8.1	10.7	4.6	2.2	−10.8

资料来源:http://www.cruising.org。

表7-3　　　　　　　2009年北美邮轮业直接经济贡献

部门	直接开销(单位:百万美元)		就业(单位:人)		工资收入(单位:百万美元)	
年份	2008	2009	2008	2009	2008	2009
核心邮轮旅游部门①	10165	8809	113510	96285	4185	3647
邮轮产业供给	8905	8838	41510	38208	1958	1832
农业、采掘业、建筑业	68	76	329	380	10	11
生产行业②	4478	4060	11141	10322	614	590
批发业	555	543	3163	3017	199	165
其他交通服务	24	24	41	36	5	4
信息服务	215	253	502	545	37	40
金融、保险、房地产及租赁	988	914	3353	2919	225	205
服务及政府部门③	2578	2470	22981	20988	868	816
2009年合计		17148		134494		5479
2008年合计	19070		155020		6143	
2007年合计	18678		158376		6010	
2007—2008年变动百分比	2.1%		−2.1%		2.2%	
2008—2009年变动百分比		−10.1%	−2.1%	−13.2%	2.2%	−10.8%

资料来源:根据http://www.cruising.org/整理。

---

① 该部分具体内容包括:游客和员工的开销;港口服务和邮轮;交通服务和航空服务。
② 该部分具体内容包括:食品饮料;服装纺织;化工塑料制品;石油冶炼;金属制品制造;工业机械装置;船舶维护和修理;电脑机电子设备和其他生产行业。
③ 该部分具体内容包括:专业、科学和技术性服务;行政及节约管理服务;食宿服务;表演及娱乐和其他的服务及政府部门内容。

济的复苏和维持社会稳定带来帮助。

正如在本节开始的时候提到的那样,邮轮业最重要的贡献在于它能够在邮轮港口所在地建立起一条涉及数目相当多的相关产业部门的邮轮产业链,形成一种以邮轮业为契机进行经济结构调整和发展的局面。从下表中可以看到在北美对经济作出贡献的,除了核心的邮轮部门,更多的还是为其提供供给的相关产业部门,以商品的生产部门和信息、金融、保险类的服务部门为主。

从美国统计数据得出的结论和经验,笔者认为也适用于我国沿海地区。通过发展邮轮业,带动发展和完善本地区商业和服务业将是一个很好的发展方式。

二、中国邮轮经济发展现状[①]

目前我国邮轮产业发展基础还比较薄弱,但国家已经看到了邮轮经济所带来的巨大效益。邮轮旅游的概念通过普及提高,形成了邮轮文化,产生了邮轮经济,是旅游经济发展中不可忽视的一部分。在北美、大洋洲、欧洲的发达国家经济中,邮轮经济都占有一席之地,约占全球GDP的0.3%。自20世纪以来,邮轮旅游人数一直保持年均8%的增速。据有关机构预测,2020年全球邮轮游客数量可达3000万人次。其中,到2020年,邮轮市场对中国经济的贡献将达到510亿元。

目前,邮轮产业的发展已开始得到各级政府重视。2014年3月,交通运输部出台了《关于促进邮轮运输业持续健康发展的指导意见》,发布《游艇码头设计规范》,并将其作为强制性行业标准。同年4月22日,交通运输部又发布《全国沿海邮轮港口布局规划方案》,提出要在2030年前,在全国形成12个始发港。2015年8月11日,国务院发布《关于进一步促进旅游投资和消费的若干意见》,提出推进邮轮旅游产业发展一些措施,包括支持国内大型邮轮研发、设计、建造和自主配套体系的建立,有序推进邮轮码头建设。

---

① 内容来自上海投资咨询公司:《邮轮经济调研报告》。

此外,《中国制造 2025》《关于促进旅游业改革发展的若干意见》(2014)、《国民旅游休闲纲要(2013—2020 年)》(2013)、《关于促进我国邮轮业发展的指导意见》(2008)。这些政策从邮轮装备制造国产化到优化邮轮航线等多个方面促进了我国邮轮产业发展。

从交通运输部得到的数据显示,继在 2014 年为亚洲邮轮市场提供了近 50% 的客源后(2014 年亚洲 140 万邮轮旅客中,中国大陆居民占 67.9 万),中国大陆 2015 年仍表现强劲,不断增加的邮轮旅客数量使中国大陆成为亚洲邮轮市场发展的主力军。

中国邮轮旅游和邮轮经济圈的兴起,正是我国国民收入提升、消费升级的体现。根据国际旅游规律,人均 GDP 达到 5000 美元时,就会步入成熟的度假旅游经济,邮轮产业开始起步。达到 1 万—4 万美元时,邮轮旅游进入快速发展期。而国家统计局公布的数据显示,2015 年我国人均 GDP 为 5.2 万元(约合 7795 美元)。同时,已有包括广东、福建、京、津、沪等 10 个省份及直辖市人均 GDP 突破 1 万美元,具备了邮轮产业快速发展的条件。

在邮轮母港建设上,各沿海港口城市也纷纷打出"邮轮经济"牌,力争在未来的城市发展中争得一席之地。2016 年大连港国际邮轮中心也正式开港运营。太子湾邮轮母港也全面建成,并于 11 月迎来深圳市第一艘停靠太子湾的邮轮。

在邮轮制造业—邮轮运营公司—港口及其服务业—旅游商贸业这个巨大的产业链中,上海的位置和优劣势显而易见;在中国众多港口城市竞做邮轮母港的规划实践中,上海有很多资源和优势能够得到有效发挥;在中国香港、新加坡、马来西亚、日本、中国台湾、韩国的亚洲各大港口中,上海要做亚洲邮轮中心和邮轮母港的愿望和努力更需要从现在迅速起步,但新航线的开辟,制度的完善,船供监管等还有很多需要努力。

上海港国际客运中心是上海的第一个邮轮港,但是其发展的最大障碍在于附近杨浦大桥的高度——只能允许 8 万吨以下的邮轮进出港口,而目前国际邮轮的发展趋势都是大型化,是 10 万吨以上的级别,最大的邮轮为 25 万吨级。为了改变现状,上海在宝山建造了上海吴淞口国际邮轮码头,并已于 2012 年开始运营。吴淞口国际邮轮码头可同时停靠 10 万—15 万吨级大型邮轮 2 艘,二期工程 2018 年底建成后可以同时停靠 20 万吨级以上邮轮 4 艘。外高桥海通码头作为备用码头也可临时停靠邮轮。目前临港和金山也在考虑新建邮轮码头。2016 年在全国十大港口中,前三强的市场份额为上海、天津和广州,接待游客方面,上海、天津和广州分别占全国的 65%、16.3%、7.2%;航次方面,上海为 509 航次、天津为 128 航次、广州为 104 航次。上海吴淞口邮轮港在船舶靠泊量和游客出入境人次方面已经是亚洲第一、全球第四。

邮轮旅游在西方发达国家正趋于饱和状态,邮轮经济重心东移亚洲是必然趋势,特别是 2018 年中国将成为世界上最大的旅游目的地国家,邮轮旅游在中国方兴未艾,全国邮轮旅游人次从 2005 年的 110 万人次上升为 2010 年的 150 万人次,形成了 10 亿至 15 亿人民币的消费能力。即使在全球金融危机肆虐的 2009 年,上海邮轮经济也十分亮丽:全年接待母港邮轮 33 艘次,同比增长 50%;访问港邮轮 46 艘次,同比增长 22%;出入境游客 18 万多人次,同比增长 41%,居全国领先地位。而 2010 年上海接受母港邮轮 66 艘次,同比增长一倍,访问港邮轮 50 多艘次,出入境游客 25 万多人次,同比均出现大幅增长。这说明,举办上海世博会,国务院批准上海建设国际航运中心,以及国家扶持邮轮产业政策的带动效应正在形成。2016 年 1 月 18 日,根据中国交通运输协会邮轮游艇分会统计快报数据显示,2016 年我国邮轮出境旅客达 212.26 万人次,首次突破 200 万人次,同比增长 91%,而入境境外旅客 13.87 万人次,同比仅增加 8%。数据显示,2016 年我国大连、天津、烟台、青岛、上海、舟山、厦门、广州、海口、三亚十大港口城市共接待邮轮 996 航次,同比增长 58%,其中母港航次 913 航次,同比增长 69%,访问港航次 83 航次,同比下降 8%。

目前,上海的旅游业已经成为现代服务业的支柱产业和国民经济的动力型产业,通江达海、腹地广阔、经济发达的区位优势和庞大的长三角城市群为上海成为东亚地区邮轮产业的重要基地和集散中心提供了必备的条件。国外独资邮轮公司等市场经营主体进驻上海,不仅因为这片地区富庶、消费能力强、接受邮轮旅游观念快,还因为上海具有强大的对内陆腹地的辐射能力。

三、上海邮轮产业发展存在的问题

(一) 外资邮轮公司垄断市场

世界三大邮轮集团——嘉年华集团、皇家加勒比集团和丽星邮轮集团控制了世界邮轮产业80%的市场运力份额。三巨头对于邮轮产业上下游的议价能力很强。以邮轮经济最发达的美国为例,2007年全年邮轮乘客总量918万人,邮轮经济总体收益380亿美元。至今,美国皇家加勒比、嘉年华集团所属的意大利歌诗达、马来西亚丽星等邮轮公司相继在上海设立中国区域性总部和经营机构,看好中国邮轮市场的发展前景,正进一步拓展市场,增加航线航班,推出多样化邮轮旅游产品。上海邮轮经济有着良好的发展机遇。随着欧美国际邮轮旅游业传统市场日趋饱和,国际邮轮产业正将发展重点转向亚洲这一新兴市场,那么上海就是国际邮轮公司必争之地。

但目前我国在邮轮购置、二手邮轮交易买卖,邮轮登记等方面还存在不少政策和法律上的障碍。此外,我国邮轮旅游市场被外国邮轮公司占据。

2009年4月,国务院发布推进上海国际航运中心建设的相关意见,明确提出要"促进和规范邮轮产业发展",上海的北外滩和吴淞口因此沸腾起来。真实的情况却是:虽然停靠在中国港口的邮轮越来越多,却没有一艘挂五星红旗的国际邮轮。中国还没有自己的邮轮运营公司,无法在这个产业中发出自己的声音。外国的邮轮公司几乎无孔不入地深入我们缺失的邮轮市场,而我们还只是停留在研究建立邮轮码头(夹杂着中国众多港口的无序竞争)、靠国际大型邮轮停港、争做邮轮母港基地供应的现实中。坦白地说,中国只分享了世界邮轮经济蛋糕的很小一部分。外国独资的邮轮运营公司占尽中国市场的先机,在培育市场和促进邮轮产业进步方面起到了重要的作用。目前终于有本土邮轮公司如天海、辉煌号等,但注册地仍在国外,船舶管理也多为外方。近年来,公主邮轮、地中海邮轮、诺唯真邮轮纷纷布局上海市场,开辟了新的航线。

(二) 邮轮产业发展面临三大瓶颈

1. 中国缺乏设施完善的邮轮母港

邮轮经济是围绕着邮轮码头发展的,邮轮码头构成了邮轮经济网络的节点。因此,发展邮轮经济最重要的就是争取成为邮轮母港。"虽然目前各沿海港口城市都提出了邮轮母港建设的概念,但中国邮轮港口的停靠数,即使是上海这样的大港,也无法与新加坡、韩国济州竞争。"陈映秋认为,这里有两个方面的原因:一是沿海港口旅游特色(中国的历史文化景点基本在内陆,沿海的较少)不鲜明、功能不足;二是中国区域(包括大陆与台湾)不能组织起有竞争力的邮轮旅游航线。

事实上,邮轮母港不仅仅是一个码头泊位,还应当是包括交通设施、旅游服务、商业配套等在内的综合性产业生态系统。邮轮母港不仅仅是游客上下邮轮的地点,更应是集餐饮、娱乐、旅游、购物、休闲为一体的游客体验中心。目前,国内大多数邮轮母港都不具备这些功能,与迈阿密等成熟的国际邮轮母港不可同日而语。另外,从邮轮数量上来讲,以迈阿密/FLL邮轮港为例,2016年有38艘邮轮在此运营,辐射人口达590万;而中国包括上海、天津和香港3个邮轮母港在内,总计只有13艘邮轮。

迈阿密拥有12个超级邮轮码头大厦,可同时停泊20艘邮轮。嘉年华公司、皇家加勒比公司、丽星邮轮等均在迈阿密设立总部或者分支机构。

2. 中国尚不能进行大型邮轮的建造

中国没有自己的邮轮船队(适合中国人兼顾外国人旅游的邮轮,天海邮轮买了皇家加勒比的二手船,且船舶运营管理、供应等仍然是外方,属于合资邮轮公司),更谈不上中国自己的邮轮品牌了。目前我国尚不能进行大型邮轮的建造,在邮轮概念设计等方面的软实力较差,配套能力几乎为零。2014年,携程与皇家加勒比合作购进邮轮时,曾想在中国大陆进行装修改造。然而,寻遍中国大陆市场却没有发现一家企业有能力接单,最后不得委托新加坡一家公司。

大型邮轮具有技术门槛高、资金投入巨大、建造风险高等特点,即使对于欧洲拥有丰富邮轮建造经验的船厂来说,其在建造邮轮时也需要许多专业设计公司和配套企业的合作。我国目前在大型邮轮设计建造方面处于起步阶段,在大型邮轮基础共性技术、设计技术、建造技术、配套技术等方面还存在许多空白,在 10 年内很难形成产能。另外,我国邮轮产业链也特别薄弱,邮轮产业涉及的邮轮设计建造、运营,以及邮轮到港管理及交通枢纽(邮轮母港)、观光、旅游、安全管理、专业服务等行业都有待于进一步规范和加强。

3. 邮轮文化仍待培养

"在世界邮轮文化中,中国是缺席的。""其实邮轮文化也是海洋文化的一部分。从登上邮轮的那一刻起,去哪儿已经不重要了。重要的是怎么享受接下来的美妙海上旅程。邮轮上最美享受的不是美食,也不是各种娱乐项目,而是无与伦比的海上风光。但中国游客对于邮轮游的概念还停留在观光阶段,更希望能在目的地停留更多时间。"调查发现,在中国邮轮消费的群体中,"年轻化"是显著特点之一。中国邮轮消费以家庭式出游居多,平均年龄在 45—50 岁之间。国外的邮轮消费者则多为 60 岁以上的老人,近年来也在逐渐"年轻化"。

中国邮轮玩家年轻化与航线和价格定位有很大关系。价格较为便宜的多为日韩航线及东南亚航线等短程航线,适合上班族的假期、经济能力及消费习惯。中国的邮轮消费群体职业类别中,高校教师、医生、律师、设计师、体育以及文艺界人士占大多数,经济相对富裕,文化素质较高,且对传统的观光旅游失去了兴趣。而在欧美,很多人从 45 岁开始攒钱,退休后,调整 1—2 年,开始邮轮环球之旅。一般一次环球邮轮旅游时间为 7—11 个月。

另一个我国邮轮产业发展需要克服的障碍是邮轮专业人才与教育的匮乏。邮轮经济发展需要大量专业人才,但目前我国高校并没有与邮轮相关的专业学科。这是目前我国邮轮产业发展亟须解决的问题之一。

第五节　上海国际航运中心制度建设探索与实践

一、其他国家航运业扶持政策

(一) 欧盟的航运业扶持政策

1. 欧盟海运补贴及税收优惠政策

在欧盟,虽然不允许通过经营补助来促进当地航运业造船业的发展,但是通过税收减免、财政补贴等方式是可以的,当然只针对在欧盟注册的船舶或公司。在欧盟海运补贴指南(Guidelines on State Aid to Maritime Transport)中,规定了如下几个基本原则:(1)该补贴不能增加其他成员国的支出。(2)该补贴不能扭曲成员国对外竞争及共同利益。(3)必须将该补贴严格限制在达到其目的的必要的限度内。(4)该补贴制度必须透明化。

根据这项指南,以下的补贴是合法的:(1)企业所得税减为零。(2)船舶投资加速折旧。(3)长年出售船舶所得不征税。(4)吨位税。最近欧盟海运补贴政策不仅对造船业,而且还扩大到船舶管理。

2. 规范航运业联盟与合作

在欧盟,各航运公司在保持竞争的活力的时候比较注重合作与合并,以扩大规模经济效应,航运联盟是很常见的,如果航运联盟中的船东有很多类似的船,该船东就可以是某项海运服务的称职的供给者。如果航运联盟协议是为了整合资源,而不是滥用市场独占地位,这种联盟协议就不是欧盟竞争法所禁止的。例如为了发挥各自的优势而成立的综合性的合资企业,合资协议就是允许的,而纯粹的强强联合,垄断了市场资源就构成反竞争行为。所以欧盟航运竞争规则更着重于结构规制而不是行为规制。非竞争性的市场行为协调如信息交流协议与明显的垄断定价行为在本质上是不一样的。所以,如何在航运领域实施反垄断法,制定具体的实施细则以及明确执法机构是非常重要的。

目前我国对航运业的优惠政策还不很突出,欧盟的这些具体做法包括立法规制可以为我所用。一方面应当通过财政补贴和税收优惠引导产业积聚,另一方面要鼓励非竞争性的航运物流企业合并,此外还要制定具体的航运竞争规则,完善航运市场竞争体系。

(二) 美国的航运业扶植政策

1. 海运补贴

美国对海运业的运营补贴因为有不少弊端,到20世纪70年代后就不太使用了,更多的是税收优惠政策,例如资本准备金CRF:允许经营人将一部分收入存入专门账户,予以免税,其目的是鼓励有计划地进行船舶和设备更新。实施期限从1936年《海上货物运输法》到第二次世界大战后。1970年美国设立航运基本建设基金CCF,可设立3个账户,将完税和延期存款区别开来,将已完税收入(折旧费)存入资本账户,将延期纳税收入(资本收益)存入资本收益。

2. 政府提供造船融资担保

美国政府为促进造船业,提供融资担保。1936年《海上货物运输法》第XI章规定在美国造的船舶可获75%—87%的政府担保。其目的是促进造船投入,而不是政府直接投资,该措施的效果是减少了船东的利息负担,自1993年起范围扩大到外国船舶所有人,期限25年。

3. 海运服务市场准入

在海运服务市场准入方面,美国的外贸货物运输领域总体上是开放的,但根据《1998年远洋运输改革法》,航运中介(包括货代、无船承运人)市场实行许可制度。在海运辅助服务,美国法律没有限制外资进入的专门规定,但不允许外国拖船在美国海域拖带美国船,外国救捞船也被禁止在美国海域从事救捞作业。在港口服务及税收方面,基于国家安全目的,美国港口服务设施对某些国家的船舶加以限制。美国对于从北美或部分南美港口驶入美国的船舶征收差别船舶吨税,并按照互惠原则,免征某些国家船舶的灯塔费与特定吨税。同时,根据互惠原则或双边税收协定的规定,就船舶经营国际贸易运输的收入,对四十多个国家的船东免征所得税。在雇佣与自然人流动,美国限制受雇于海运业的外国人数量,主要采取两项措施:其一,授权符合条件的船舶经营美国国内贸易运输或者得享受美国政府某些形式的补贴;其二,雇用的外国船员不得超过船员总数的25%,并且有任职资格证书要求的船员岗位必须由美国公民担任。在船舶更新制度方面,美国没有船舶强制报废制度,只要船检合格,就可以继续营运。效益低下的高龄船舶主要通过市场竞争实现自然淘汰。[①]

4. 货载保留及国内沿海运输权

美国没有太多的货载保留,美国通过几次修订《货载保留法》在以下几个方面做了保留:美国能源部的战略石油储备;保留进口的50%,军事运输项目;军需物资的100%,粮食运输项目;利用政府贷款对外出口和援助,进出口银行贷款项目;为美国船保留50%以上。

在国内沿海运输权政策方面,美国对沿海贸易运输权做了彻底保留,1920年《航运法》(琼斯法案)中规定不准外国旗船从事国内港间运输,必须是美国造且所有、美国船员、挂美国旗。只有美国人才有权单独从事美国内商业性水上运输;在与外资合资的情况下,美国人必须控制75%以上的股份;国内水运公司的经理或其他高级管理人员、董事长必须由美国人担任,外国人在董事会中不得超过法定少数限额。此外,国内水运公司的船舶必须在美国建造,船员必须是美国人。美国这项制度的弊端是造成没有竞争的高额消费和市场萧条,还有造船限制费用和营运限制费用。

(三) 其他国家航运金融扶持政策

航运是资本密集型行业,船舶购置需要的大量资金,除极少数现金交易外,都要涉及融资问题。国外大的银行都有专门的船舶信贷部,中国巨大的航运市场机遇,在为世界航运的发展增添新的动力的同时,也必将带动船舶投融资活动的繁荣。很多国家都鼓励航运投融资。例如,美国港口享有金

[①] 美国港口信息,见 http://www.fcg.unu5.net.cn/info/fcg/1/88.htm,2008年7月3日。

融和税收优惠政策,美国港口码头当局有权向社会直接发放有价证券,或者通过向银行等财团借贷,向政府申请减免税收等,迅速筹措资金。根据美国海事管理局2004年9月份公布的统计资料,美国49家港口码头公司通过借贷、发行债券等措施在2000年总共筹资到资金将近11亿美元。

伦敦、香港等高度发达的金融服务在国际航运中心的建设中发挥了不可替代的作用。以伦敦为例,它控制了全球船舶融资市场的18%,油轮租赁业务的50%,散货租赁业务的40%和船舶保险业务的23%。此外,全球67%的船东保赔协会保费基本也都集中于伦敦。伦敦能够做到这些是因为在过去几十年吸引了大批外资银行并吸引了相关海运基金在伦敦上市,它拥有精通业务的专业人才、灵活稳定的劳动力市场以及宽松适当的监管机制。

金融机构和金融人才的汇集,以及完善配套措施的保障支撑了伦敦金融和航运的长盛不衰,宽松适当的监管机制是伦敦吸引外资银行以及453家外国公司在伦敦交易所上市的主要原因。国际大银行一般都有专门的船舶融资业务,应采取激励措施鼓励各大银行发展船舶融资业务。在金融机构布局上,伦敦、纽约、东京等都是从单区发展到多区,有分散化的趋势。例如,伦敦的金融产业原先较为集中在金融城内。为争取更多的利润空间,伦敦的金融机构逐步向伦敦码头区搬迁,例如私人股本公司、对冲基金和咨询公司集中于伦敦西区,而大型投资和综合银行都涌向充满活力的伦敦码头区。面积不足1平方千米的纽约华尔街——CBD金融区,集中了几十家大银行、保险公司、交易所以及上百家大公司总部。但是,今天的纽约金融区从地域上讲已不仅局限在曼哈顿南端以华尔街为核心的几条主要街道,尽管这里仍然聚集着许多国际超级金融机构,"9·11"后,纽约金融区已开始向曼哈顿其他地区扩张。许多金融机构都在新泽西、康涅狄格和纽约州建立了自己的安全备份系统。例如,花旗银行的信息系统分为四个相对独立的部分:投资银行数据中心、运营系统数据中心、台式组(Desktop Group)市场交易系统和呼叫系统,并分别建立了分布在纽约都市区,新加坡、德国、英国等国家和中国香港地区的投资银行业务数据中心,防止其中一个中心数据损坏或丢失。①

二、其他国际航运中心管理体制和立法

(一) 美国航运管理体制和立法

美国是现代海运大国和强国,一直维护强硬的保护主义的国际海运政策,在1936年的《海上货物运输法》中,把水运和对外贸易作为国家重要的经济命脉,出于对国家安全与战时运输的需要,其在船队须为美国公民所有等方面都做了规定。此外,通过造船和营运补贴政策、税收优惠政策大力发展航运业。但是美国对造价、营运成本高的船舶进行差额补贴;对运价进行不合理控制;批准与公平竞争相抵触的协议;对反垄断的日渐宽容;对承运人调整竞争的策略和灵活性的管制等,这些做法充分体现了其国际海运政策的精神实质不是开放的体制,而是干预和保护,从而对国际航运市场的运输供需关系、贸易成交量、竞争的自由化程度和公平性均产生了极为不利的影响,并引发了国际航运市场的扭曲发展。因此美国付出的巨大经济代价,这些成为全球海运服务贸易谈判中的最大障碍。② 不过美国航运管理也有可借鉴之处。例如运价管理,美国航运法根据运价本和服务合同分别建立不同的管理制度,运价本要求公开,服务合同要求报备。前者以透明性为原则,后者以保密性为原则。运价本公开的目的是维护竞争的公平性;服务合同保密的目的是提高市场的竞争性。

1998年美国航运改革法取消了运价报备系统,代之以电子运费自动公开系统。承运人的运价本只要能为公众获得即可,无须向联邦海事委员会报备,海事委员会能够做的只是对系统的"可进入性和准确性"进行监管。海事委员会的作用是监督承运人公开运价的过程,而且承运人只要与托运人有协议,可以避开运价本的使用。这一项决定为承托双方关系的改变起到了重要作用,它与服务合同的有关规定一起,成为美国实现航运市场竞争

---

① 汪增群、张玉芳:《分散化:纽约伦敦金融机构布局新特点》,《银行家》2007年第1期。
② 胡绪雨:《美国欧盟航运行政立法的发展》,《综合运输》2003年4月。

化的最重要改革。

在航运法实施机构和程序上,美国的制度也是比较完善的。联邦海事委员会隶属于国会,是独立的执法机构。联邦海事委员会负责有关国际海运的管制职责,有关促进发展的职能由运输部下属的海运管理署承担,这是管制与促进分离的双重管理体制。其机构设置合理、职能分工明确。联邦海事委员会制定的实施细则可分为两类,一类是专门的实施程序,二是航运法基本制度实施细则中的程序性规定。前者是联邦海事委员会及其职能部门在各项执法活动中应共同遵循的程序,后者是航运法实施细则规定的与特定制度有关的程序。例如普通程序、简易程序、非正式争议解决程序、小额索赔特别程序和争议替代解决程序等,其特点是依法办事、程序透明。[①]

(二) 欧盟航运立法

相对于过分保护国内利益的美国航运法而言。欧盟的自由化海运政策更加值得借鉴。欧盟作为世界上最成功、最活跃的经济一体化组织,其崛起代表着当今世界经济关系的发展趋势——集团化,也代表了航运行政立法的最新动态,这种趋势对国际航运经济关系的变化和国际航运多边法律体制的发展具有深远影响。在欧盟内部正运用一体化建设逐步将航运纳入其共同的运输法规中,短短几年已出台了多项调整航运管理的法律法规,为当代国际航运经济发展和国家干预航运经济活动的范围、模式等提供了范例,在国际航运管理立法中占据重要地位。总体上看,欧盟的航运管理立法服务于欧盟的航运政策,涉及船舶登记、自由提供服务、航运竞争、船舶建造、航运安全、国家补贴、拆船基金、沿海运输权等多个方面,从而形成了一整套完善的海运管理法律体系。欧盟的成员国受欧盟法律的制约,并且欧盟法律的效力高于成员国的国内法。[②]

---

① 於世成:《美国航运法研究》,博士学位论文,华东政法大学,2006年。
② 於世成:《美国航运法研究》,博士学位论文,华东政法大学,2006年。

欧盟航运法最精彩也是最吸引人的部分就是将欧盟竞争法运用到航运业，竞争法的目的是确保欧盟成为一个公平、自由和高效的单一市场。同时竞争法原则还适用于港口的所有人和使用人，欧盟规定不能将竞争劣势强加给竞争者。欧盟甚至将贸易领域里的反倾销法律也引入运输领域，旨在对海运领域里的不公平定价行为采取措施，处以罚款。在航运竞争规则方面，既鼓励航运业的合理合并和航运联盟，又限制成员国对扭曲航运竞争行为的限制。为了进一步完善航运竞争体系，自2008年10月起，欧盟取消了对班轮公会的反垄断豁免[1]，美国和印度等国也都做出了相应的反应。其原因是："在1998年美国航运改革法通过之前，尽管有许多理论支持保留班轮运输经营人和码头经营人的反垄断豁免权，多年以来航运业中的实际情况却显示班轮运输经营人之间根本不需要横向的联合，班轮公司在完全市场化的情况下反而比在有反垄断豁免保护的情况下经营得更好。与此同时，承运人之间的共谋行为却在不断地损害托运人和最终消费者的利益。实际上，除了有关部门政策或政治的辩论外，没有任何证据显示取消反垄断豁免将不利于航运业的发展。"[2]

目前国内有学者正在倡议我国实施航运反垄断豁免，大力发展航运规模经济。笔者认为，随着改革开放的深入、WTO自由贸易和竞争的规则的进一步实施，内外资企业区别正在进一步弱化，因此是否引进这项制度还需慎重，不能再走欧美的弯路，否则会给跨国航运企业垄断市场提供便利条件，要结合我国经济发展状况和国情做进一步的研究。

在海上安全方面，欧盟制定了一系列安全体系标准和海上共同安全政策，欧盟海上安全体系充分考虑到了旅客、船员、船东、船舶经营人、保险人、货主及环境和沿海国的需要。海上安全虽早已成为国际规则调整的对象，

---

[1] 欧盟宣布自2008年10月起，废止欧盟4056/86号条例——有关班轮公会的反垄断豁免。详见郑丙贵、王学锋：《欧盟国际海运反垄断豁免制度发展趋势前瞻》，《中国海洋大学学报》（社会科学版）2005年第4期。
[2] 徐义佑：《班轮公会反垄断豁免权朝不保夕》，见 http://ibdaily.mofcom.gov.cn/show.asp? id=153142，2008年7月1日最后访问。

但仅依靠这些现存国际规则本身,既不能挽救生命,也不能挽救船舶,关键的是实施这些规则。因此,海上安全和港航安全也是上海国际航运中心环境建设中应重点关注的问题。

在平衡政府和市场的作用方面,欧盟是通过逐步调整法律才实现的。政府的平衡作用之一就是建立一种市场框架。该框架在一定条件内必须给公司营业创造最大的灵活性、商业性,这些框架条件反映了社会在安全、环境、秩序和社会问题方面的要求,同时政府必须保证航运界、雇主和雇员遵守这些条件。二是致力于间接的市场调控手段。如通过税收的调整和各种补贴政策,实现对市场的宏观调控。三是市场准入的控制。欧盟国家重视市场的准入,而且控制得很严格,但其市场准入的条件,主要集中在从业人员的资格、船舶技术条件和环境保护方面。

航运业的竞争往往通过降低成本来降低价格,但很多是以牺牲安全作为高昂代价的。因此,政府必须从公益出发制定一系列安全标准,迫使船公司将外部的安全成本变成运输的内在部分。一般情况下,政府通过市场与行政管理相结合来达到社会最佳状态:一是用市场的力量、自律及主体自身来解决安全问题,诸如增加船舶市场质量的透明度、检验的准确度等手段;二是制定完备的安全标准、增加质量检验者的法律责任以及货主对运输质量的选择责任等。

(三) 我国航运行政立法现状及建议

航运行政法或竞争法和海商法的调整范围是不一样的,前者更注重行政管理。美国和欧洲等一些发达海运国家都是通过海运政策或航运立法来推动航运业发展的,因此通过国家统一航运行政及管理立法也可以减少区域港航不协调发展的问题。当前,我国不仅没有统一的航运法,且航运立法泛化,部门规章多达300多件,需要进一步梳理与完善。此外,我国航运竞争法制建设远不能适应我国国际航运市场迅速发展的需要。《中韩黄海协定》《青岛地区中日航线集装箱班轮运输经营公约》和码头作业费问题等对我国国际航运竞争规则提出了严峻挑战,《国际海运条例》不能对这些挑战做出全面回应,明显地表现出国际航运竞争规则的缺失,因此亟须完善我国国际航运行政或管理立法。

我国对世界上最发达的欧美等国的航运立法的借鉴,不但要借鉴具体的法律制度、条文和形式,而且更要吸取其所体现的现代化航运行政法的精神,这是更具实质意义的。因为我们一旦掌握了这种精神,就可以主动采取有计划、有步骤的创新措施,来完善我国航运行政立法。我国反垄断法出台不久,在很多规则和实施方面需要细化,这方面上海可以率先带动两翼进行试点,进而推动整个国家航运立法。但是要特别注意在 WTO 海运服务协议框架下并符合服务贸易协议的相关原则。因为 WTO 海运服务谈判没有达成具体统一的规则,一般都是通过双边协定,根据对等互惠的原则来制定海运服务开放政策的。例如,《中国—欧盟海运协定》于 2008 年 3 月 1 日生效,双方将执行无歧视进入国际海运市场的原则,准许另一方航运公司依法设立独资或合资的经营机构,开展国际海上货物运输和物流服务。

中欧海运协定主要涉及双方航运企业在对方建立商业存在和使用港口设施服务的相关内容,双方保证有效地执行无歧视进入国际海运市场的原则。在使用港口设施以及相关收费、海关手续、安排泊位及船舶装卸设施方面,双方承诺对待另一方国民或公司经营的船舶,应继续给予其与本国船舶相比不歧视的待遇。并在协定生效后,在提供国际海运服务方面不采取可能对另一方国民或公司产生歧视性影响的行政、技术或立法措施。根据协定,双方准许另一方航运公司依法设立独资或合资的经营机构,开展国际海上货物运输和物流服务,包括门到门的集装箱多式联运。因此,协定生效后,双方的航运企业将更进一步拓展市场空间,完善营销网络,提高运输链效率,为日益增长的双边贸易提供高效的海运和物流服务。

国家航运法的制定是要得到全国人大通过的,但是上海可以出台一些试点政策,特别是在反垄断法体系下细化航运竞争规则,但是要注意在完善区域航运立法体系和完善航运法制环境时避免与国家立法、双边协定的冲突,注意符合《立法法》,而且应当密切结合国家对外开放和引进外资政策。可以以航运政策创新为途径促进区域航运政策的统一。建议上海在以下几个方面推出创新政策,并积极推动长三角区域乃至全国航运业统一立法。

在 WTO 海运服务协议框架下结合对等互惠原则进一步有序开放航运市场,制定国际航运服务准入、待遇、行业标准,简化航运手续和行政审批,港口建设方面统一规划,地方创新,尽快制定港口航运业投融资法律,完善港口安全方面的法律法规,制定港口生态环境保护的政策和法律法规。

三、上海国际航运中心制度建设回顾与成就

2016 年 6 月 23 日,上海市人大常委会召开第三十次会议,审议通过《上海市推进国际航运中心建设条例条例》。《条例》将上海国际航运中心建设 10 多年来的实践经验、创新措施和管理探索上升为地方性法规,对上海国际航运中心的总体目标、建设推进机制、发展扶持政策、航运创新措施、航运科技创新、航运营商环境等进行了规范。上海自贸区的改革探索为上海国际航运中心的建设提供了强劲动力和不竭活力。近年来,21 世纪海上丝绸之路等国家新战略的实施为推动航运市场发展带动了新机遇和新空间,这项法规必将发挥着立法引领和推动作用。

1995 年 12 月,中央领导批示指出:"把上海建成国际航运中心是开发浦东——使其成为远东经济中心,开发整个长江的关键。"1996 年 1 月,国务院在沪召开会议,启动以上海深水港为主体,浙江、江苏的江海港口为两翼的上海国际航运中心建设。2001 年,国务院批复的《上海市城市总体规划(1999—2020 年)》确定了上海"国际经济、金融、贸易、航运中心"的战略定位。2009 年 4 月,国发〔2009〕19 号文件对上海国际航运中心建设进行系统部署,要求在 2020 年基本建成。

在上海"四个中心"建设中,国际金融中心、国际贸易中心建设分别于 2009 年、2012 年出台了综合性的地方性法规,而国际航运中心建设一直缺乏一部综合性的地方性法规,相关工作要求散见于《上海港口条例》《上海口岸服务条例》《上海市水路运输条例》等法规之中。近年来,"丝绸之路经济带""21 世纪海上丝绸之路"等国家新战略的实施为推动航运市场发展带来了新的机遇和空间。在推进上海国际航运中心建设的关键时期,通过

地方立法提供法制保障,以发挥立法的引领和推动作用,显得尤为重要且迫切。

《条例》是中国首部关于国际航运中心建设的地方性法规,其有四大特点。第一,《条例》是一部促进性立法,着重强调政府的引导、扶持作用,鼓励各方面力量共同参与上海国际航运中心建设。第二,《条例》是一部国际航运中心建设的框架性立法,基本覆盖了国际航运中心的各个要素,其中根据国发〔2009〕19号文件及上海实际情况,将航空枢纽建设明确纳入国际航运中心建设的范畴。第三,国际航运中心建设的大量事权在中央,《条例》主要针对国际航运中心建设中的短板问题,立足地方政府可以积极作为的领域,聚焦集疏运基础设施建设、航运企业和机构集聚、航运营商环境营造等事项。第四,《条例》立足当下兼顾长远,尽可能纳入未来5年能够确定的重要工作;对中远期尚不明确的工作,仅作原则性规定,为将来制定政策提供法律依据。

《条例》共六章四十六条,具体包含总则、规划和基础设施建设、航运服务体系、航运科技创新和航运营商环境建设等内容。

(一) 关于总体目标

上海国际航运中心建设是一项国家战略,条例以国发〔2009〕19号文件规定的阶段性总体目标为基础,同时兼顾长远发展需要,对上海国际航运中心建设的总体目标作了明确:"本市按照国家部署,推进上海国际海运枢纽和航空枢纽建设,建成水运、空运等各类航运资源高度集聚、航运服务功能健全、航运市场环境优良、现代物流服务高效,具有全球航运资源配置能力,与国家战略和经济发展相适应的国际航运中心。"

(二) 关于建设推进机制

为了统筹协调本市各方面力量,形成建设推进工作的合力,条例作了3个层次的规定:一是明确市政府在推进国际航运中心建设工作中的主体责任,要求建立本市与国家部委以及其他省市之间的合作和协调机制;二是明确设立国际航运中心建设议事协调机构;三是明确了市政府各部门与区县人民政府之间的协作配合机制。

(三)关于航运发展扶持政策

为了加大对航运中心建设的支持力度,吸引各类航运要素高度集聚上海,条例提出设立国际航运中心建设专项资金,重点用于支持航运枢纽港建设和促进航运功能性机构集聚。同时,建立航运机构设立和发展的支持制度,明确航运相关企业和机构符合地区总部认定条件的,市、区县政府可以给予资助。对航运经济发展作出突出贡献的,市、区县政府应当给予奖励。

(四)关于海运领域创新措施

中国(上海)自由贸易试验区的设立,为加快推进上海国际航运中心建设提供了重大契机。为推动以自贸区为平台的航运制度创新,条例作了三方面的规定:一是推进建设各类中转设施,统筹推进中转业务发展;二是根据国家有关规定,发展沿海捎带业务;三是根据国家有关规定,探索建立中国(上海)自由贸易试验区国际船舶登记制度。

(五)关于邮轮产业发展

为进一步规范和促进邮轮产业发展,条例规定了5个方面措施:一是制定上海邮轮产业发展规划,明确相应的推进措施和配套政策;二是争取国家有关部门支持,加快在邮轮旅游发展实验区复制推广中国(上海)自由贸易试验区的改革试点经验和相关政策措施;三是制定与国际接轨的邮轮旅游服务标准化体系,对票务销售、合同签订、码头服务、旅行社服务、应急处置等环节作出规范;四是在邮轮口岸推进实施特定时限内的过境和出入境免签政策,设立进境和出境双向便利的免税购物商店,推进邮轮船舶供应服务便利化,加快邮轮相关服务贸易发展;五是鼓励境内外邮轮公司在本市注册设立经营性机构,开展经批准的国际航线邮轮业务。

(六) 关于国际航空枢纽建设

为把上海建成功能完善、辐射全球的大型国际航空枢纽,条例对航线网络、货运物流、通用航空、空港服务等作了比较全面的规范。其中,对航线网络这一核心要素,条例作了两方面的规定:一是支持主运营基地在上海的航空公司构建以上海为核心、立足全国、辐射全球的枢纽航线网络;二是争取国家有关部门支持,优化调整本市空域结构,提升枢纽空域容量,合理分配航权和新增航班时刻资源,提升航线网络的通达性、衔接性和枢纽航班密度。

(七) 关于航运科技创新

科技创新是国际航运中心建设的有机组成部分。为推进航运科技创新发展,条例提出了六个方面的要求:一是支持高水平航运科技研发平台建设,通过开展产、学、研协同创新,提升航运科技水平;二是安排资金用于扶持和奖励航运装备关键技术、核心技术、重大新产品的研发;三是支持各类航运科技创新成果率先在本市推广实施;四是支持与航运相关的电子商务、高端装备制造等新兴关联产业的发展;五是鼓励航运相关企业逐步推进信息化与生产、服务、管理各环节的融合,构建智慧航运服务体系;六是鼓励航运相关企业加强节能环保工作,促进绿色发展。

(八) 关于航运营商环境

为进一步加快政府职能转变,积极探索管理模式创新,为上海国际航运中心建设提供良好的服务环境,条例主要规定了以下几方面措施:一是建立并公布航运管理权力清单和责任清单;二是支持国家驻沪机构在上海口岸实施监管制度创新;三是建立上海国际航运中心信息综合服务平台;四是完善航运优秀人才培养和引进政策;五是完善航运法律服务体系;六是加大航运文化培育力度。

四、自贸区航运服务对外开放[①]

2015年6月5日,交通运输部水运局发布了《交通运输部关于在国家自由贸易试验区试点若干海运政策的公告》(以下简称"公告")。公告指出,为贯彻落实国务院印发的关于广东、天津、福建自由贸易试验区总体方案以及关于进一步深化上海自由贸易试验区改革开放方案,推进上述自由贸易试验区(以下称"自贸区")海运试点政策顺利实施,将在上海自贸区实行的六项航运开放政策进一步推广到其他三家自贸区。

(一)航运开放内容

为推进上海自贸区建设,交通运输部于2014年在扩大交通运输对外开放、促进贸易便利化、简政放权、体制机制创新等方面,给予了政策支持。在航运领域先后推出了6个方面的先行先试开放政策,并将该政策于2015年做进一步推广,具体的政策及推广情况总结如下(表7-4)。

表7-4　　　　　　　　自贸区航运开放政策

序号	政策对象	开放政策	政策调整	适用法律规定	施行日期	规定文件
1	国际船舶运输企业	经国务院交通运输主管部门批准,外商可在自贸区设立股比不限的中外合资、合作企业,经营进出中国港口的国际船舶运输业务	在上海自贸区可以设立外商独资企业;在广东自贸区可设立港澳独资企业	《中华人民共和国国际海运条例》《中华人民共和国国际海运条例实施细则》	2014年2月8日	《交通运输部关于中国(上海)自由贸易试验区试行扩大国际船舶运输和国际船舶管理业务外商投资比例实施办法的公告》

[①] 《浅析上海自贸区六项航运开放政策的推广》,见锦程物流网,http://info.jctrans.com/xueyuan/wlyt/20156232149113.shtml。

续 表

序号	政策对象	开放政策	政策调整	适用法律规定	施行日期	规定文件
2	公共国际船舶代理企业	经国务院交通运输主管部门批准,在自贸区设立的中外合资、合作企业可以经营公共国际船舶代理业务,外资股比放宽至51%	从事公共国际船舶代理业务的外资股比放宽至51%。修改了原负面清单中"限制投资船舶代理(中方控股)"条款	具体操作依据相关法律规定	2014年6月30日	《中国(上海)自由贸易试验区外商投资准入特别管理措施(负面清单)》(2014年修订)
3	外商独资企业	在自贸区设立的外商独资企业可以经营国际海运货物装卸、国际海运集装箱站和堆场业务	自贸区设立的外商独资企业的业务范围进一步扩大	《中华人民共和国国际海运条例》《中华人民共和国国际海运条例实施细则》	2014年6月30日	《中国(上海)自由贸易试验区外商投资准入特别管理措施(负面清单)》(2014年修订)
4	国际船舶管理企业	经自贸区所在地省级交通运输主管部门批准,在自贸区设立的外商独资企业可以经营国际船舶管理业务	国际船舶管理业务对自贸区的外商独资企业放开	《中华人民共和国国际海运条例》第九条、第十条;《中华人民共和国际海运条例实施细则》第八条 审批结果向国务院交通运输主管部门备案	2014年2月8日	《交通运输部关于中国(上海)自由贸易试验区试行扩大国际船舶运输和国际船舶管理业务外商投资比例实施办法的公告》
5	国际船舶运输企业	在自贸区设立的中外合资、合作国际船舶运输企业,其董事会主席和总经理由中外合资、合作的双方协商确定	将原政策中的"由中外合资、合作的双方协商,由中方确定"条款改为"由中外合资、合作的双方协商确定"	具体操作依据相关法律规定	2014年2月8日	《交通运输部关于中国(上海)自由贸易试验区试行扩大国际船舶运输和国际船舶管理业务外商投资比例实施办法的公告》

续表

序号	政策对象	开放政策	政策调整	适用法律规定	施行日期	规定文件
6	境内注册中资航运企业	注册在境内的中资航运公司可利用其全资或控股拥有的非五星红旗国际航行船舶，经营以自贸区开放港口为国际中转港的外贸进出口集装箱在国内沿海对外开放港口与自贸区开放港口之间的捎带业务	从事该业务时，应向国务院交通主管部门备案	"中资非五星红旗国际航行船舶试点沿海捎带业务备案办理程序" "中资非五星红旗国际航行船舶试点沿海捎带业务备案表" "中资非五星红旗国际航行船舶试点沿海捎带业务备案证明书"	2013年9月30日	《交通运输部上海市人民政府关于落实〈中国(上海)自由贸易试验区总体方案〉加快推进上海国际航运中心建设的实施意见》《交通运输部关于在上海试行中资非五星旗国际航行船舶沿海捎带的公告》

注：上表中所指的政策"施行日期"是在上海自贸区的施行日期，在天津、广东、福建自贸区的施行日期是2015年6月5日，具体的政策文件是《交通运输部关于在国家自由贸易试验区试点若干海运政策的公告》。

以上航运开放政策从2014年开始在中国(上海)自由贸易试验区进行了先行先试的政策试点工作。2015年，随着其他三处自由贸易园区的相继成立和中国自贸区共用一张负面清单政策的执行，上述航运开放政策得以推广到其他三处自贸区。虽然这些航运政策推广到了其他三处自贸区，但还是有以下几点值得注意：

一是虽然可以在中国自贸区设立股比不限的经营国际船舶运输的中外合资、合作企业，但只有在上海可以成立外商独资企业，在广东可以成立港澳独资企业。天津和福建两大自贸区还不具备相关类似条款。

二是在自贸区内经营国际船舶代理业务的中外合资、合作企业中的外资股比由2013年的低于49%的限制，提高到了不超过51%的限制，也就是说允许外商控股，这是质的突破。值得注意的是，这一政策的推行却引来了中国船代协会的反对，出现了"政策开放，市场反对"的局面。

三是对于在中国自贸区内经营国际船舶管理业务的外商独资企业，政策调整主要体现在对该类企业注册审批权的下放,由原先的中央审批转变为地方审批、中央备案的方式,大大提高了该类企业注册的审批效率,使得审批时间由原先的9个多月减少到约两个半月。

四是对沿海捎带业务的开放,一方面为中资航运公司的悬挂方便旗的船舶进行沿海捎带业务提供了政策支持,另一方面也使得很多在其他国家中转的货物回到了国内中转,增加了国内港口中转业务的数量。

(二)自贸区航运开放政策的实施效应

2014年至今,这些航运开放政策在中国(上海)自由贸易试验区已经实行了近一年半的时间,政策实施后,取得的政策效果却不明显。根据从有关方面了解的情况,结合对相关企业注册情况的总结分析,得出下表(表7-5)。

表7-5　　　　上海自贸区外资航运企业发展情况统计

政策实施时间	政策对象	发展情况			经营业务
		企业数量	外商独资企业数量	中外合资(合作)企业数量	
2014年2月8日	国际船舶管理企业	8	8	0	国际船舶管理业务
2013年9月30日	境内注册中资航运企业	41	无	无	沿海捎带业务

注:与"沿海捎带业务"相关的数据为自政策实施以来,增加的中资航运公司经营沿海捎带业务的方便旗船数量。数据来源于有关部门,不断统计更新。

未来展望篇

第八章 推进上海国际航运中心建设对策与建议

第一节 以港区合作推进航运中心建设的对策建议

一、以港区合作推进航运中心建设的主要政策

(一) 加强区域港口规划协调

进一步完善组合港规划协调机制,按照全国沿海布局规划和长三角地区公路水路交通规划纲要,联合推进区域港口规划相互衔接,优化长三角港口资源,形成分工合作、优势互补、竞争有序的港口格局,更好地支持和服务区域经济一体化。

坚持深水深用,合理开发,科学利用港口岸线资源。鼓励发展公用码头,依港口规划严格保护、有效利用港口岸线资源。加强货主专用和企业专用码头管理,提高港口岸线资源利用效率。根据经济发展需要适度控制新建码头建设时序。重视发挥既有设施能力,支持干线港口码头建设,配套发展支线港及其他码头。加快形成内贸集装箱运输体系。

(二) 完善港口集疏运体系

优化港口集疏运体系,积极发展多式联运。推进完善多式联运系统,重点解决沿海港口与铁路、公路、航空、内河水运等连接设施及统一标准问题,

增强江海、河海、陆海和海空联运能力，推进形成结构优化、衔接顺畅、运转高效的综合运输体系。加快内河船舶标准化、高等级航道网建设。积极发展甩挂运输、滚装运输、江海直达运输、河海直达运输、集装箱联运等先进运输组织方式，做好港口铁路集疏运通道、场站与港口场站的建设协调，联合制定铁水联运的技术标准，推动铁水联运的试点工作。研究探讨统一内河航道技术标准的难点问题。

（三）推动发展现代航运服务业

推动建设区域性服务优质、功能完备的现代航运服务体系，营造区域性便捷、高效的现代国际航运服务环境，增强上海国际航运中心对于航运资源综合配置能力。围绕港口和航运主业，积极发展配套供应、服务和关联产业，推动发展航运金融、船舶管理、航运仲裁、研究咨询、航运经纪、跨专业人才培训等各类航运服务机构，进一步做好航运供应链服务，拓展航运产业链。积极探索和创新航运融资方式，支持发展船舶融资、航运保险服务。积极研究联合建立上海组合港港航产业发展基金，支持长三角地区、长江流域和西部地区国际陆港的码头、现代航运设施和现代物流服务园区等产业领域，扩大上海国际航运中心建设对于内陆地区的带动和辐射作用。

（四）建设长三角航运信息中心

联合建立上海国际航运中心综合信息服务平台，为长三角地区及长江干线港口、航运及相关单位提供便捷高效的政务信息和业务信息交换平台，发布服务社会的公共信息，形成纵向横向数据交换系统。研究建立中国水运数据中心长三角和长江流域分中心，推进长三角地区港口和长江流域港口信息传输技术统一标准、统一格式。探索以市场机制为基础，联合建立为长三角地区和长江流域及西部地区国际陆港城市的政府、机构和企业提供航运数据传输、业务信息服务的数据交换和服务中心，共同投资，联合建设，共享服务，利益均等，实现多种运输方式、各个管理部门数据共享，提高国际航运中心整体工作效率和企业生产效率及服务水平。

(五) 推动发展现代物流服务

鼓励区域内交通运输企业在长三角范围内开展港航相关业务服务，拓展服务功能，发展现代物流服务，鼓励企业间业务融合，支持组建业务联盟，增强港口、航运企业综合服务能力和综合国际竞争力。发挥沿海港口货物运输集聚的枢纽作用，支持建设港口物流园区，扩大辐射范围，带动内陆无水港发展，支持港口与保税园区、工业园区联动发展，进一步延伸和完善港口国际物流供应链。

(六) 推动港航企业业务融合

鼓励区域内交通运输企业按照现代企业制度，通过兼并、重组、持股等方式组建跨地区、跨行业的具有较强竞争力的大型企业集团。支持组建区域性集装箱、原油、矿石、煤炭等专业化装卸公司，支持组建远洋干线、近洋支线和国内支线一体化的运输企业公司，提高区域港口、航运企业的专业化服务能力和综合服务水平。支持区域内客运公司建立联系机制，创造科学有序的客运市场，加强安全措施。支持本土邮轮公司的成立，培育和维护邮轮市场的发展。支持区域内各类型企业与国内沿海、长江流域和内陆地区联合建立长期合作实体。

(七) 强化国际航运发展综合试验区先行先试功能

积极探索并进一步强化国际航运发展综合试验区功能建设，充分发挥先行先试优势，加强综合政策研究，不断推出先行先试的新模式、新制度、新政策，深入调研和充分借鉴国际经验，认真研究促进我国航运业长远发展的有力措施，加快建立既符合国际惯例又符合中国发展实际的国际航运中心建设政策体系，争取在资源配置、运输组织、船舶登记、财税政策、航运金融、信息服务等方面不断进行新的试验，不断在改进管理方式、完善相关制度和出台发展政策等方面有所突破，并在上海国际航运中心范围及长三角地区率先推广示范。

二、以港区合作推进航运中心建设的主要措施

一是交通运输部、上海市、浙江省、江苏省人民政府共同支持上海组合港管理委员会办公室组织协调有关部门联合开展政策研究和区域性综合业务协调,开展区域港航合作重点工作的推进实施,并对一些重大政策问题深入开展研究,争取国家有关方面更大支持。

二是交通运输部、上海市、浙江省、江苏省人民政府共同支持区域完善港口集疏运体系,推动发展现代航运服务业,建设长三角航运信息中心,推动发展现代物流服务,推动港航企业业务融合,在推进上述工作时,部省市共同支持在市场准入、注册登记、业务经营、财税政策、人才引进、业务扩展等方面参照有关规定享受当地最优惠待遇。

三是上海组合港管理委员会办公室与各有关主管部门联合探索建立区域性港航市场联合监管机制和行业自律机制,逐步建立区域港航主管部门联合检查、共同执法、企业经营行为公示制度。政府、协会、企业共同维护市场秩序,约束不良竞争行为,避免恶性竞争,增强合力,减少内耗,率先形成公平、公正、开放、有序的区域性港航市场秩序。

四是上海组合港管理委员会办公室与各省市有关主管部门和相关机构一起,要开展深入细致的协调和服务工作,认真研究利用长三角规划、业务、信息、安全协调机制,组织制定相关工作实施方案和年度工作计划。专项工作要制定具体的推进方案,报管委会批准后组织实施。

第二节 以扩大开放深化航运中心建设的对策建议

一、进一步推进航运中心重点领域建设

共同推进洋山深水港区基础设施及上海内河高等级航道和内河港区的

规划、建设。加大对长江口航道和上海港公共航道的资金投入，满足港口业务发展需求。进一步推进长江口航道疏浚土的综合利用，促进航道疏浚工程与长江口区域吹填促淤工程的有效结合，深化合作机制，健全合作模式，拓展合作空间，实现互利共赢及社会资源的综合利用。

合作开展长江直达洋山深水港区江海直达船型标准、船员执业资质的研究。出台支持江海直达船型应用的配套政策，提高船东积极性，促进水水中转效率提升和比例提高，优化航运集疏运体系。研究扩大《特定航线船舶安全管理暂行规定》适用范围，促进特定航线船舶的推广使用。

合力推进上海船员考试评估中心试点工程建设。完成项目审批，交通运输部落实设备，上海市提供适应国家级示范评估中心的办公场所，进入实质性建设阶段。

交通运输部、上海市政府共同支持在上海建立船员发展和保障机制。上海市积极出台相关政策，共同推进船员专业人才市场建设。部市合作建立上海船员、工会、船东三方协调机制，推广船员标准劳动合同和标准上船协议文本，推进船员标准劳动合同和上船协议网上备案制度，建立服务个体船员的示范基地。

交通运输部、上海市政府共同推进中国船舶油污损害赔偿基金管理服务机制在上海建立。上海市方面积极创造条件，提供基础保障。

争取亚洲船级社协会秘书处常设机构以及其他非政府国际航运组织常设机构落户上海。在政策上鼓励和支持中国船级社在上海国际航运中心建设中发挥国家船检机构主力军和技术支持保障的作用，推动和提升上海地区造船工业的快速发展，进一步提高区域航运业的安全品质和技术含量。

交通运输部继续支持上海先行先试，探索建立和完善国际航运经纪等新兴国际海运辅助行业管理制度。

共同支持上海航运交易所加强全国班轮运价备案中心建设。建立面向全国的运价报备服务系统，上海市提供必要的工作条件。支持上海航运交易所开展中国进口矿石、原油等大宗散货运价指数的编制发布工作，不断丰富航运运价指数品种，并在规范的基础上推进航运运价指数衍生品交易市场的发展。

二、深化国际航运发展综合试验区建设

共同探索研究国际航运发展综合试验区新一轮优惠政策。在国家层面研究出台支持提升航运企业在我国原油等战略物资运输中的承运份额和国际航运船舶特殊管理制度的政策，减轻航运企业负担。上海市积极配合交通运输部，做好与在沪航运企业的沟通交流，及时掌握市场动态，了解企业需求，并支持在国际航运发展综合试验区范围内开展相关政策的先行先试。

上海市配合交通运输部在"中国洋山港"开展船舶登记制度改革试点工作。交通运输部进一步对拟登记"中国洋山港"籍的船舶给予船舶入级、转级等方面的政策支持。对"中国洋山港"籍船舶所有人、经营人外资占有股份比例予以放宽。以"中国洋山港"登记制度为基础，研究建立中国国际航运企业与国外国际航运企业同等条件竞争的政策和制度，争取实施新型船舶登记制度试点，探索建立中国特色的五星红旗船队。

允许在现行法规规章体系下，将融资租赁船舶视作企业自有运力。鉴于当前航运市场形势低迷状况，为给广大航运企业缓解经营压力提供切实帮助，交通运输部将在上海市先行试点，参照船舶共有登记模式，允许在现行法规规章体系下，将融资租赁船舶视作企业自有运力。

上海市加大对国际航运中心建设的财政专项扶持力度，落实"转方式、调结构"专项资金在航运领域的项目实施工作，在集疏运体系完善、功能性机构设置等方面予以支持，培育要素市场，吸引人才集聚。

三、促进邮轮产业发展

一是应尽快建立以上海为邮轮母港的中国自己的大型邮轮运营公司。以市场化、规模化、国际化的原则，采用造船、买船、租船等形式不拘的办法组建船队，在变化中调整，在实践中提高。

二是争取国家的产业政策导向，并在上海地方法规中对社会资本投资进入邮轮产业给予一定的扶植和支持。

三是发挥上海沿江临海的自然条件优势,虹口和宝山两区邮轮港资源互补,做大做强,加强邮轮运营中的市场培育力度;突破邮轮监管的制度瓶颈。

四是充分发挥上海邮轮旅游发展联席会议的作用,进一步推动上海邮轮经济和产业的形成和发展,协调规划、港管、旅游、海事、外经、海关、边检等各部门的关系,简化手续程序,务实有效推进。

五是作为国际金融中心和国际航运中心的上海,应有效发挥金融服务支持邮轮产业的助推功能,在政策和资金方面给予邮轮产业提供新的融资方式和补贴性支持。

六是上海处于长江流域入海口和中国海岸线中段的区域位置,应把海上旅游与江上活动结合起来,实现水上创意旅游的灵动性,使得江海联动水上旅游更增加活力;新时代特别在促进长三角江海旅游区域发展方面要有所作为。

七是应海峡两岸"三通"迅猛发展的形势,尽快开通海峡两岸邮轮航线,使得上海与台湾之间的海上旅游观光更为常态化和规模化,满足两岸民众的愿望和需求。

八是结合后世博上海经济建设和旅游产业的规划,调动资源,更为有效地把黄浦江、苏州河、淀山湖、杭州湾的水上旅游推向新的层次,同时与长三角地区的河流湖泊水上旅游资源相结合,形成区域经济中独特的水乡风情和水上旅游以及海上邮轮旅游的特色,吸引大量外籍游客,与邮轮出境游形成互补。

四、落实和完善部、市合作机制

继续落实部市合作备忘录建立的"部市协调委员会"机制。由交通运输部部长和上海市市长共同担任部市协调委员会主任,交通运输部分管副部长和上海市分管副市长任副主任,双方相关部门负责人为成员。交通运输部水运局和上海市城乡建设和交通委员会负责日常工作联系。部市协调委员会阶段性召开工作会议,加强对重大事项的统筹协调,落实、推动本轮合作备忘录明确的各项工作。

部市之间加强人才交流。加大航运管理人才培养力度,为上海国际航运中心建设提供智力支撑。

第三节 以城市协调发展促进航运中心建设的对策建议

一、加强港城一体化建设对策

实行"地主港"经营模式。"地主港"是指港口所在城市的一级政府划定几块依托港口的区域、将区域内的土地交由特定的港口管理机构进行管理的一种港口和港口区域经济社会的管理模式。地主港管理模式,在保证国家对土地、岸线等重要资源有效控制前提下,吸引多方投资者参与港口区域建设和运营,促进临港产业发展,推动上海城市产业结构调整。

依托临港产业体系,优化上海城市产业布局。一是依托洋山深水港和洋山保税港区优势,发展临港先进制造业。重点发展包括风电、核电、太阳能在内的新能源产业和民用航空产业,做强做优重大装备制造产业链;培育轨道交通设备、航空关键设备、自动化及数控机床等三大新兴产业集群。二是大力发展临港现代服务业。临港现代服务业应具有如下功能:一是充分利用现有制造业基础,引入生产性服务业(如金融、保险、信息、咨询、外汇结算等),形成网络化、集群化发展格局;二是通过制造业的价值链延伸,加强制造业和服务业的融合发展,从而培育辐射范围广、影响力强的临港服务产业集群。

以临港新城为载体,打造航运与城市协调发展实践区。为了发展低碳经济,创建低碳示范城市,启动低碳发展实践区试点工作。临港新城作为上海国际航运中心核心功能区,毗邻洋山深水港,可以率先发展低碳航运,打造成上海航运与城市协调发展的最佳实践区。

发挥临港和滨海优势,发展城市海洋旅游产业。积极发展上海具有港口和海洋特色的城市旅游产业,既是顺应海洋经济发展的要求,也是满足上海产业结构调整的需要,对于促进上海经济合理布局和产业结构转型,优化上海市域空间布局,保持上海经济和社会持续健康发展具有重要意义。

发挥不同航运服务集聚区的特色和优势,实现城市航运功能的合理布局。北外滩:因其位于城市高端商务区可重点发展航运高端服务,如航运法律、航运经纪、航运交易等。陆家嘴:因其位于金融贸易区可重点发展航运金融、航运保险等业务。临港:因毗邻洋山深水港区和保税港区,可依托政策优势,重点发展航运物流、保税物流、离岸金融、保税期货交割等与航运相关的功能性创新业务。

二、优化运输体系对策

调整运输方式。从国家层面争取相关的综合运输政策,实现长距离运输以铁路、水运为主,两头的衔接与集疏以公路为主;引导公路运量向铁路、水路转移,合理配置运输资源,充分发挥各种运输方式的优势;从财政、税收上支持铁路、水路发展;限制集装箱载重汽车的数量和载重量;实现货物配载中心网络化,强制性规定远距离货物由铁路、水运承担。

建设无水港。无水港是港口所参与的国际供应链的一个重要节点,它是直接与沿海港口相连的内陆装卸站,客户货物进出口业务可在这里直接办理完成。建议:通过无水港建设可以优化上海国际航运中心集疏运体系。在无水港与上海港间的中长距离运输可充分发挥铁路和内河运输优势,大幅度减少公路运输,这将对绿色交通建设和缓解城市交通起到积极作用,同时可降低物流综合成本。

发展海铁联运。尽快启动浦东铁路建设,将浦东铁路芦潮港集装箱中心站与国家铁路网接轨,通过芦潮港铁路集装箱中心站进一步延伸到洋山保税港区,开辟保税运输,将腹地内保税工厂和保税仓库与洋山保税港连接起来。

三、促进上海航运物流中心发展对策

加快航运物流要素集聚。一是继续落实中资国际航运物流船舶特案免税登记政策，进一步研究建立鼓励中资，甚至外资船舶在国内登记挂旗的长期制度，力争成为我国第二船籍港制度试点城市，进而建立上海国际船舶登记中心。二是继续加快推进北外滩航运服务集聚区建设，全力营造上海国际航运物流中心商务环境。三是吸引国内及全球船公司尤其是大型船公司的总部、地区总部，以及世界著名航运组织机构到上海落户。四是建立国际航运物流信息库，逐步吸引国际航运物流班轮公司将航运物流移师上海。

突破性发展航运物流金融。一是在船舶物流融资方面：可考虑成立船舶产业基金，通过向投资者募集资金来投资船舶产业，交由专业人员管理，并将船舶租赁收入作为投资汇报。二是在航运保险方面：逐步推进国内船舶强制保险制度，并促使金融机构扩大保险品种，开发航运责任险。三是在航运物流衍生品方面：推出包括航运物流指数期货，远期运费合同（FFA）以及运费期权等在内的航运物流价格衍生品交易品种。

整合海事法律资源。一是整合海事法律服务资源，鼓励一些本地律师事务所向海事专业转型，同时引进伦敦、新加坡等地的海事法律咨询和仲裁服务机构。二是与航运有关的行业协会和学校合力推动海事仲裁知识的普及，要求企业在签订合同时据理力争，明确写上在中国海事仲裁委员会上海分会进行仲裁，特别应在进口国外商品和技术的合同上写明对中方有利的海仲条款。

提升航交所综合功能。一是要进一步发展航运物流资信评估、航运物流咨询、航运物流会展、招标中介和航运物流人才培训等服务。二是要继续完善信息发布系统，为航运物流企业经营决策提供有价值的导向性意见。三是要顺应航运物流业举办会展的需求，努力探索成为航运物流业专业会展中心的发展途径。

建设航运物流人才资源体系。一是重点加强航运物流经营管理人才、航运物流信息人才、航运物流金融保险人才和海事法律人才的在校教育和

培养。二是鼓励企校联姻办学或委托院校承担定向专业培训,有计划地派遣有关人才到国外航运物流研修和见习。三是大力引进航运物流人才,从资金奖励、租房或购房补贴、高管户口迁入、子女就学等各方面出台措施,支持引进掌握国际惯例、精通国际航运及相关业务的国内外人才。四是建立上海国际航运物流中心人才交流市场。

建设航运物流金融中心。在为长三角外贸出口和中国国内需求服务的基础上,让航运物流交易中心、航运物流信息中心与船舶管理、船运咨询、融资保险、海事仲裁和公证公估等航运物流金融部门共同发展,彼此兼顾,才能成就真正的上海航运物流金融中心。

四、建设上海国际航运中心开放政策建议

建设自由贸易港区。在关税的豁免、出口退税与海关监管的免除中,海关监管免除的吸引力,更大于免税退税。也就是说,用户对便利化的需求更甚于免税退税。一是完善落实启运港退税政策;二是尽快在海关监管制度上取得突破。例如,如何保证海关在网上根据 RFID 智能标签提供的信息解决三港三区间自由移动问题,如开辟绿色通道;国际中转与海空中转过程中拆并箱问题;在港区内设立保税仓库为货物在港区内进行加工提供方便;在港区内设立保税库场,堆放国际中转货物与实行"属地申报,口岸放行"通关制度的货物免除检验等。

试行外籍船舶干干中转。干干中转是指在某一航线营运的船舶可能装载非该航线挂靠港口的货物,然后在基地港与本公司有关航线的船舶交换。但是,《中华人民共和国国际海运条例》中规定境外的班轮不能在我国港口进行干干中转,也是我国外贸集装箱中转外流的重要原因。因此可试行外籍船舶可以在洋山港区开展干干中转的业务。

实现口岸信息系统的全覆盖。以基本不动所有有关单位的信息系统为前提,把上海国际航运中心综合信息共享平台打造成为一个接口系统。这个接口系统能把查验机构、服务企业与用户及其代理的系统联结起来,能把各个系统发出的信息自动转换成接收系统所需的信息格式。这个系统不仅

可以用于国际航运中心有关单位之间的连接,还可以延伸到国际贸易中心,实现国际贸易中心与国际航运中心信息的互通与共享。

第四节 以优化环境助力航运中心建设的对策建议

上海国际航运中心环境建设涉及法律、人才、服务、信息等各方面。建议在推进长三角区域港航协调发展发面,由中央授权,完善上海组合港管理委员会的组织架构,加强其法律职能和权威性。建议国家尽快制定航运法,修改海商法。上海可以在这方面做推进工作,可以试点出台港口投融资政策及其他航运金融创新政策。在与长三角其他港口分工合作方面,上海应该重点发展高端航运服务,如航运金融服务、海事法律服务、海上保险等,不能盲目追求集装箱吞吐量。在确立航运竞争规则,建立有序航运市场体系方面,上海也可以率先试点,致力于按国际惯例办事,在港口经营、口岸收费等方面制定相关规则,结合我国反垄断法制定相应的航运市场竞争规则,以推动全国的航运立法。在航运扶持政策方面,可以通过税收优惠、政府融资担保、减免航运企业和航运人才的所得税等政策来促进航运业的发展。在航运人才方面,不仅要重视引进有丰富的行业经验,谙熟法律、金融、经济管理方面的复合型人才,还要注重引进人才的后续培养、管理与使用,要形成配套跟踪体系。要吸引人才长期稳定地为上海国际航运中心服务就要细化人才政策,完善居住证制度与配套的社会保障措施。可以结合国家养老政策,有条件地解决高级人才赡养孤寡老人的后顾之忧。此外,在港口管理方面要进一步放开经营,搞活经济。最后要考虑到上海国际航运中心未来发展方向是综合配置型的,因此要大力发展现代物流,在人才、服务、政策、管理、研究等各方面综合考虑四个中心的联动,避免片面研究的局限。

一、上海航运中心金融业发展对策建议

目前,国内 5 家银行系金融租赁公司已全部成立,并强调将船舶租赁作

为重点发展业务。在国外船舶融资银行因次贷危机而收紧银根的情况下，这一消息对于造船企业而言无疑是一个极大的利好。这种尝试将为航运业提供更充足的订船资金，为国内造船企业创造更多的接单机会。据介绍，银行金融租赁公司是依托于银行的船舶基金或者船舶租赁公司，相当于买船的船东，由于有银行这一强大的金融机构做后盾，其订船资金和长期购买力无人能出其右。与此同时，通过控股租赁公司。银行成为船舶所有权的实际拥有者，可以分化自身的金融风险，由此激发他们订造新船的积极性。尤其在当前美国、欧盟金融业受次贷危机影响紧缩银根，唯独中国流动性过剩的背景下，国内银行通过金融租赁公司这种全新模式进军船舶融资领域。这不仅可以降低自身的金融风险，而且可为全球造船业提供新的造血机能。[1]

在《国务院关于推进滨海新区开发开放有关问题的意见》中就曾明确指出，鼓励天津滨海新区进行金融改革和创新，特别是在金融企业、金融业务、金融市场和金融开放等方面的重大改革。天津滨海新区可优先在产业投资基金、创业风险投资、金融业综合经营等方面进行改革试验。在此背景下天津港财务有限公司应运而生。据了解，筹建中的天津港财务有限公司将为天津港集团各成员单位提供财务办理和融资顾问、信用鉴证及相关的咨询、代理业务，协助成员单位实现交易款项的收付等多项服务。成立后将通过不断优化、整合企业资源，发挥财务公司特有的资金融通优势，进一步提高天津港集团公司的资源融入能力，降低整体的融资成本，提高企业的经济效益。

上海国际航运中心和国际金融中心的建设应该也可享受国家的金融改革和创新政策，但要注意金融机构的布局和航运金融政策创新。一方面可以借鉴伦敦港区分离的做法，使洋山港深水港码头作业区与航运服务区分离。另一方面在发展浦东金融区同时也可在码头区发展航运金融。由于浦东属于国家综合配套改革试点地区，现在已基本形成有利于金融等现代服务业发展的开放型经济运行规则体系，吸引了很多国际金融机构。而且浦

---

[1] 陈莹：《中国造船业急需金融援助》，《中国水运报》2008年6月5日。

东的发展目标是以推动金融体制改革和深化涉外经济体制改革为重点,加快形成与国际通行做法相衔接的体制机制,全方位扩大开放,努力形成与开放型经济相适应的经济运行规则体系,使陆家嘴成为全国金融机构、金融资金、金融人才集聚的核心区,以及金融创新、金融标准制定、金融生态环境的先行区。现在浦东也出台了吸引高级金融人才的若干政策,因此在浦东发展航运金融也比较有优势。例如外滩已经集聚了一批航运服务企业,在发展航运基金方面已经学习了伦敦的经验,例如上海的张江银行卡园区,自建成以来已经吸引了中国银联全国信息处理中心,考虑到了银行前后台业务的分离。此外,上海证交所的规则体系也正在完善,因此在航运金融创新方面,上海应该发挥更积极的作用,在防范金融风险、提高金融安全的前提下大胆进行航运金融创新。

德国航运业在过去10年的发展就依赖于有限责任合伙制基础上的股权融资(K/G模式),使德国在国际集装箱市场上控制了纯粹船东(本身不经营航线的船东),拥有船队的65%以上。而K/G模式目前在我国则存在着公司法、缺乏募集股权机构的合法途径和银行债务融资能力的限制。如果能够采用这种融资模式,将大大发展中国的船队规模,从而为上海航运中心建设创造条件。上海可以试点通过设立船舶产业基金,通过政策引导多发展航运投融资,如通过设立海运信托基金、优惠税收等模式鼓励航运投资,通过发展银行抵押贷款、发行债券等方式集资购买船舶,再出租给船公司经营等方式大力发展船舶融资业务。也可对在洋山保税港区注册的企业试点金融创新,向国家争取更优惠的自由港政策,以大力促进国际航运结算,促进航运资金的自由进出,吸引更多的国际航运巨头。此外建议利用上海航运交易所、上海期货交易所以及相关航运公司的现有优势,对促进航运指数期货、远期运费合同(FFA)以及运费期权等航运衍生品交易进行大胆创新。

二、航运人才培养管理与资源整合的对策建议

国际航运中心建设离不开高素质人才队伍。吸引国际航运人才的集聚

要通过安居、乐业两方面来改善人才发展的综合人文环境。

（一）航运人才瓶颈制约

航运人才大体上可以分为两类：技术型人才和管理型人才，技术型人才包括航道设计与施工人才，船舶驾驶与轮机人才。海事法律服务人才和管理型人才是复合型人才，包括港口技术管理与航运经营管理人才等。上海国际航运中心的定位是第三代"资源配置型"，因此除了各类技术人才外，更需要熟悉国际规则，精通外语、国际贸易、国际金融，擅长管理的复合型人才。专业航运人才培养需要很长的时间，应通过国内外资源整合和引进尽快让高端航运金融服务人才与航运法律服务人才发挥作用。现在引进人才政策还比较粗放，重单一型的人才，轻复合型人才。特别缺乏企业管理、航运管理、物流管理、国际货运、国际经济法等"软"专业人才，经济管理人才和法律人才所占比例太低，而且，引进之后，基层用人单位对引进人才的管理和激励不够，不能充分发挥引进人才的积极性。

航运服务有很强的国际性，应当尽快引进国外专家及海外留学人才。在引进海外人才方面，上海市委组织部、市人事局留学人才服务中心都出台了很多措施，并对留学回国人员给予充分的关心、肯定与重视。但是很多留学回国人员在基层单位并没有受到充分重视，在科研资助、职称评定、住房改善、国际交流方面并没有享受到什么特别优惠的政策，挫伤了留学回国人员为国效力的积极性。

还有一个影响人才安居乐业的突出问题是引进人才的社会保障问题。目前上海引进人才居住证的含金量不高，其根本原因是与户籍政策挂钩的各项社会福利不能剥离。例如居住证持有者只要年满60岁，即使已在沪工作多年且有住房，并交纳了多年的四金，也必须回到户籍属地享受养老保险和医疗保险，而转回部分只是个人交纳部分，单位交纳大块部分作为上海的社会统筹留在上海了，等于是年轻时给上海做贡献，年老时却享受不到上海的社会福利，还要给原籍地增加负担。现在在上海每年的税收中有近40%是外地人所创造的。还有中国不承认双重国籍，社保福利与户籍制度挂钩的问题已成为影响外地人才和海归人才长期、稳定为国家建设服务的瓶颈。

（二）制定航运人才优惠政策创新建议

由于户籍改革和社会保险统筹等存量制度改革比较困难。上海可以在过渡期率先实施特需人才居住证制度及配套优惠措施如低息或免息住房贷款、住房补贴、购房首付优惠、购房退税等吸引高端航运人才"安居"，浦东在引进金融人才方面已经有具体举措，是否也应该惠及航运人才呢；另一方面建议给用人单位一定的灵活权限，率先突破僵化的量化核心刊物人事考核体系和职称评定系统，与国际接轨，率先试行社会化评审，破格选拔人才，通过把他们推到领导管理岗位等措施让人才放开手脚，进一步在航运专业化上发展。最后，要通过精神鼓励以及人性化操作解决人才在赡养老人方面的后顾之忧。因为老龄化社会养老负担比配偶和子女问题更难解决，更耽误时间和精力，使得年轻人才无法安心工作。建议上海对为国家培养输送了高级人才的孤寡老人在投靠子女落户方面、与子女共同使用同一医保账户方面给予特殊政策，让引进人才"乐业"并安心工作。具体可以细化规则，比如在上海服务5年以上的特殊人才，居住证可以转正式户口或者享受与上海市户籍完全一样的市民待遇。对那些为上海连续服务10年以上的人才所需赡养的父母之一，满足以下条件，也可以在上海落户或享受上海本地老人的一切养老待遇：孤寡老人，身边无子女，连续在沪居住五年以上。至于这项举措是否会涉及公平待遇的问题，其实是多虑的，对航运人才的优惠政策在国外十分普遍，例如，有专门的海运劳动公约，作为劳动法的特殊法，欧盟的海员和船东可以减免交纳社保的负担，甚至欧盟船籍国船员的所得税也可减免。

总之，不能只依靠政府层面的人才引进与激励政策，兴建高级人才公寓以及给予人才补贴等方面来吸引人才，应当鼓励并监督基层单位重视并用好引进人才，为高级航运人才特别是复合型人才创造更好的人文环境、吸引人才长期为上海国际航运中心建设服务。当前，上海引进人才住房问题难以解决，引进人才居住证制度与社保制度的脱钩，引进人才的国际交流受到限制等都是影响高端航运人才在上海稳定发展的迫切需要解决的问题。

为了使上海能够真正成为"国际"航运"中心",一方面要采取各种政策吸引国际航运业集聚,另一方面要有国际化和自由化的规则,便利港航业。航运服务上游产业链包括航运融资、海事保险、海事仲裁与诉讼、航运交易、船舶登记、船舶买卖、船舶租赁、船舶代理、货运代理、报关服务、理货服务、人员培训与船员劳务等,政府要想办法吸引这些航运衍生服务业的要素集聚。此外,还要提高港口作业效率和运营管理水平。

三、上海国际航运中心优化组织架构和服务功能的建议

为了减少航运和物流成本,为港航业提供更便利的服务,除了简化行政手续外,上海还可以向天津学习,并做出进一步的改进和创新。可以借助洋山港保税港区的有利政策,在港区设立更多的政府职能部门并提供优质及时的法律、政策咨询,方便港航。这并不妨碍目前绝大多数国家采用的港区空间分离体制,便利的通关服务和一站式服务是为了提高效率,而在市区可以发展航运服务产业集群,也可设立统一协调机构,例如在北外滩和浦东分别形成航运服务和航运金融集聚区,加强信息化建设,大力发展船舶注册与买卖,航运交易,海事保险,航运融资,航运组织,工程或技术咨询。鉴于原有的基础,也可把原先的上海WTO事务咨询中心改制为贸易金融法律服务综合机构,其功能是达到政府职能部门整合、信息共享、资源整合。在人才培养、招商引资咨询、航运投融资等方面提供便利的服务。这些都可以大大提高港航管理与服务的高效率。例如,天津就设立了国际航运与贸易服务中心,而且还出台了相关的管理办法。国务院给洋山保税港区很多政策优势,例如同意洋山保税港区充分发挥区位优势和政策优势,发展国际中转、配送、并购、转口贸易和出口加工等业务,拓展相关功能。这一国内首创的模式,集目前国内保税区、出口加工区、保税物流园区三方面的政策优势和港口功能于一体,是现有国情下政策最开放、优惠政策最多、管理最宽松、运行规则基本与国际接轨的一种新的贸易模式,是港口城市梦寐以求的开放高地。

目前洋山港区虽然已有很多配套机构入住,但是仍然需要在中转政策、金融创新以及法律咨询和服务方面进一步改进。例如,不少外资企业对我国的法律政策感到陌生,对复杂的行政审批程序感到头疼,大大影响了他们对上海国际航运中心投资环境的评价。建议在法律政策咨询上要做好服务,现在上海海事法院已经设立了洋山港派出法庭,建议外资部门如经委和外经贸委的有关职能部门、海仲上海分会和上海律协海商法海事法专业研究会也在港区开设窗口或派员入驻。并采取其他有效措施改善口岸环境,为船舶和货物的进出、通关手续、转运手续、国内启运港退税提供最大的方便。

参 考 文 献

高林：《国外港口群合作的启示》，《中国水运》2007年第9期。
郭东军、俞明健：《上海地下集装箱运输系统基础研究》，《上海建设科技》2009年第2期。
国家发展改革委：《中华人民共和国国民经济和社会发展第十三个五年规划纲要》，2016年3月17日。
国家发展改革委、国家海洋局：《全国海洋经济发展"十三五"规划》，2017年5月4日。
国家海洋局、科学技术部：《全国科技兴海规划（2016—2020年）》，2016年12月8日。
国家海洋局、科学技术部：《全国科技兴海规划纲要（2008—2015年）》，2008年8月29日。
国务院：《"十三五"现代综合交通运输体系发展规划》，2017年2月28日。
国务院：《关于推进上海加快发展现代服务业和先进制造业建设国际金融中心和国际航运中心的意见》，2009年4月14日。
国务院：《关于依托黄金水道推动长江经济带发展的指导意见》，2014年9月25日。
国务院：《国家海洋事业发展规划纲要》，2008年2月22日。
国务院：《全国海洋功能区划（2011—2020年）》，2012年3月3日。
国务院：《全国海洋经济发展规划纲要》，2003年5月9日。
何骏：《上海物流服务业的现状与发展思路》，《上海企业》2007年第3期。
胡绪雨：《论市场经济条件下我国政府的航运行政立法行为》，博士学位论文，大连海事大学，2003年。
郏丙贵、王学锋：《欧盟国际海运反垄断豁免制度发展趋势前瞻》，《中国海洋大学学报（社会科学版）》2005年第4期。
交通运输部：《关于推进特定航线江海直达运输发展的意见》，2017年4月11日。
交通运输部：《关于在国家自由贸易试验区试点若干海运政策的公告》，2015年6月5日。
李耀鼎、祝毅然：《上海国际航运中心集装箱集疏运体系面临挑战与对策》，《集装箱化》2008年第7期。

上海市人民政府:《"十三五"时期上海国际航运中心建设规划》,2016年8月30日。
上海市人民政府:《上海市国民经济和社会发展第十三个五年规划纲要》,2016年2月1日。
宋炳良:《上海港口功能的空间定位与国际航运中心建设》,《上海经济研究》2000年第4期。
汪传旭、董岗:《航运中心与城市协调发展的国际经验与上海策略》,《科学发展》2012年第2期。
汪增群、张玉芳:《分散化:纽约伦敦金融机构布局新特点》,《银行家》2007年第1期。
王杰:《国际航运中心形成与发展的若干理论研究》,博士学位论文,大连海事大学,2007年。
王帅、张永庆:《上海港发展国际航运中心的评价研究》,《上海企业》2008年第11期。
王战:《我国沿海区域以海洋产业升级促进经济转型的发展态势》,《中国经济分析与展望(2012—2013)》2013年第9期。
肖钟熙:《便利化是国际航运中心建设的方向——关于上海国际航运中心的再思考》,《港口经济》2011年第11期。
颜艳艳、张明香:《国外港口管理模式探讨及对我国港口体制改革的启示》,《中国水运(学术版)》2006年第12期。
於世成:《美国航运法研究》,博士学位论文,华东政法学院,2006年。
郁鸿胜:《长三角共建上海国际航运中心的战略思考》,《中国发展》2010年第2期。
郁鸿胜:《发达国家海洋战略对中国海洋发展的借鉴》,《中国发展》2013年第3期。
郁鸿胜:《世界视野下的中国滨海城市群新海洋战略》,《上海城市管理》2012年第1期。
张晋元:《美国港口与航运法律体制》,《大连海事大学学报(社会科学版)》2008年第2期。
张晋元:《美国港口与航运管理体制透视》,《中国港口》2005年第6期。
张艳:《上海港国际竞争力极大增强》,《文汇报》2006年12月8日第6版。
钟季:《中国造船业急需金融援助》,《现代物流报》2008年6月10日第3版。

后　记

《发展转型中的上海国际航运中心建设理论探索与实践》是作者根据多年来对上海国际航运中心建设的持续研究撰写而成。本书通过对国家战略、国际经验、上海实践、理论探索和未来展望五个篇章的描述，多角度分析发展转型中上海国际航运中心建设的探索与实践。通过对港口物流体系、集疏运体系和航运服务体系的重点分析，以及对国际航运中心建设中的区域协调、行业发展和体制机制建设等方面的经验总结，以期对上海国际航运中心建设及对其他地区的航运事业发展起到一定的借鉴意义。

本书由郁鸿胜研究员提出框架结构体系，并负责全书的统稿工作。各篇章的主要执笔者为：第一章，张岩；第二章，李小年；第三章，张岩；第四章，郁鸿胜；第五章，郁鸿胜；第六章，陆军荣；第七章，李小年、张岩；第八章，陆军荣。张岩助理研究员负责系统整理书稿的工作。

感谢上海社会科学院应用经济研究所的支持和资助，感谢出版社编辑的辛勤工作。

编者
2018 年 1 月 10 日

图书在版编目(CIP)数据

发展转型中的上海国际航运中心建设理论探索与实践/郁鸿胜等编著.—上海：上海社会科学院出版社,2018
 ISBN 978－7－5520－2282－7

Ⅰ.①发… Ⅱ.①郁… Ⅲ.①国际航运－航运中心－建设－研究－上海 Ⅳ.①F552.751

中国版本图书馆 CIP 数据核字(2018)第 076684 号

发展转型中的上海国际航运中心建设理论探索与实践

| 编　　著：郁鸿胜等
| 责任编辑：应韶荃　袁钰超
| 封面设计：岑智敏
| 出版发行：上海社会科学院出版社
| 　　　　　上海顺昌路 622 号　邮编 200025
| 　　　　　电话总机 021－63315900　销售热线 021－53063735
| 　　　　　http://www.sassp.org.cn　E-mail：sassp@sass.org.cn
| 照　　排：南京前锦排版服务有限公司
| 印　　刷：上海万卷印刷股份有限公司
| 开　　本：710×1010 毫米　1/16 开
| 印　　张：14.5
| 字　　数：204 千字
| 版　　次：2018 年 6 月第 1 版　2018 年 6 月第 1 次印刷

ISBN 978－7－5520－2282－7/F・511　　　定价：60.00 元

版权所有　翻印必究